TRAITÉ

DU

CONCORDAT EN MATIÈRE DE FAILLITE.

NIORT

IMPRIMERIE DE Mme MORISSET, RUE DES HALLES.

TRAITÉ

DU

CONCORDAT en MATIÈRE de FAILLITE

PAR MOUSNIER,

Avocat, ancien Magistrat.

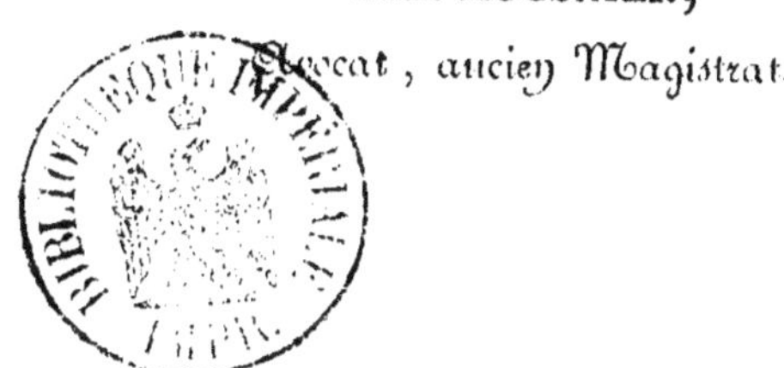

A PARIS,

CHEZ DELHOMME, LIBRAIRE-ÉDITEUR, RUE DU PONT-DE-LODY, 3.

— 1855 —

DU CONCORDAT

EN MATIÈRE DE FAILLITE.

CHAPITRE PRÉLIMINAIRE.

On appelle *concordat* la convention par laquelle les créanciers d'un commerçant en faillite le remettent à la tête de ses affaires sous certaines conditions qu'il se charge de remplir ou d'exécuter.

Le mot *concordat* est nouveau dans notre législation commerciale. L'ordonnance de 1673, les déclarations qui l'ont suivie et les commentateurs donnaient au traité que faisait un failli avec ses créanciers, la dénomination d'*atermoiement*, *transaction*, *cession de biens*, selon la nature de l'engagement que contractait le failli.

Il est vrai que ces sortes de traités tiennent de l'un ou de l'autre de ces contrats ; mais il est vrai aussi que des motifs réels, sérieux exigeaient une dénomination particulière qui les distinguât des contrats avec lesquels ils ont quelque rapport, quelque similitude.

Avant sa déclaration de faillite, un commerçant peut faire, avec ses créanciers, tels arrangements qu'il leur convient d'accepter, soit tous ensemble dans un acte qui leur est commun, soit séparément, par un acte particulier. Il jouit encore de l'administration de ses biens ; il n'a pas encore perdu de la capacité qu'il tient de la loi. Dès lors la convention qu'il consent doit tout naturellement se régir d'après les règles qui lui sont propres, et produire tous les effets qui sont attachés à sa nature.

Cela ne veut pas dire que ces conventions ne pourraient pas être critiquées si la faillite venait à se déclarer dans un temps plus ou moins prochain : non : seulement cela signifie que les contrats sont obligatoires pour chaque créancier comme pour le failli tant qu'il reste à la tête de son commerce, et qu'ils doivent être exécutés selon les règles qui les gouvernent d'après leur nature.

Mais quand la faillite est déclarée, quand elle est ouverte, elle crée un nouvel ordre de choses qui intéresse éminemment l'ordre public. Aussi désormais aucun traité ne peut intervenir entre le failli et ses créanciers qu'avec le concours de l'autorité judiciaire. Et, quoique la loi laisse aux parties la li-

berté de régler leurs conventions comme elles l'entendent , elle ne soumet pas moins ces conventions
à des règles insolites , elle n'y fait pas moins violence
à quelques volontés , elle n'en exclut pas moins certains créanciers. De sorte qu'il est vrai de dire qu'en
matière de faillite , les traités qui interviennent entre les parties intéressées , ne sont ni de véritables
transactions, ni des atermoiements proprement dits,
ni une remise volontaire de la dette , ni une vraie
cession de biens. Ils ont un caractère particulier qui
les en distingue essentiellement.

Cette vérité n'a point échappé aux rédacteurs du
Code de Commerce qui, pour la faire ressortir, ont
donné aux traités postérieurs à l'ouverture de la faillite la dénomination de *concordat*, expression qui
indique clairement que ces sortes de traités ont quelque chose de plus solennel que les autres contrats ,
puisqu'elle paraît signifier : *convention arrêtée du
consentement de l'autorité publique.* (1)

Nous verrons en effet que le concordat se délibère,
s'arrête et se signe sous la direction du juge, et qu'il
demeure sans valeur s'il n'obtient pas la sanction des
tribunaux.

Nous disons donc : le concordat est un contrat

(1) Avant le Code de Commerce, le mot *concordat* dé-
signait plus particulièrement certains traités intervenus
entre le chef de l'État et le Pape, et relatifs à la discipline
du culte catholique.

solennel, *synallagmatique*, ni complètement *commuta-*
tif , ni entièrement à *titre onéreux* , ni *consensuel*, ni
réel.

Solennel, parce que l'homologation du tribunal est
nécessaire à sa validité, et que cette homologation le
rend authentique. Il est bien vrai que Faward de Lan-
glade (1) enseigne que le concordat doit être reçu
par un notaire pour acquérir l'authenticité qui carac-
térise les actes solennels ; mais c'est une erreur relevée par tous les autres interprètes de nos lois commerciales.

Synallagmatique, parce qu'il renferme des engagements réciproques de la part du failli et de celle
de ses créanciers, même de ceux qui ne l'acceptent
pas.

Incomplétement commutatif; en effet , généralement le failli s'engage à rendre moins qu'il n'a reçu.
S'il arrive quelque fois qu'il offre à ses créanciers le
paiement intégral de leur capital, c'est toujours sous
des conditions qui restreignent ses premiers engagements.

Non entièrement à titre onéreux , par la raison
qu'il tient aussi du contrat de bienfaisance , en ce
sens que les créanciers font toujours au failli la remise d'une portion quelconque de leur créance ou
de leur droit.

(1) Répertoire *des faillis*.

Non consensuel, puisque le consentement des parties ne suffit pas à sa validité.

Non réel, parce qu'il existe indépendamment de la tradition de la chose promise par le failli.

On voit par là que ce contrat diffère des autres contrats, même de ceux dont il se rapproche le plus, et l'on pressent que, parmi les règles qui le gouvernent, il en doit être quelques-unes qui s'écartent des principes du droit commun.

Ces règles ont été tracées dans le Code de Commerce de 1807. Elles ont pour principe fondamental l'égalité entre les créanciers, sauf, toutefois, les causes de préférence qui peuvent exister au profit de quelques-uns.

Elles reposent sur une théorie assez simple mais qui embrasse trois sortes d'intérêts : l'intérêt public, l'intérêt des créanciers , l'intérêt du failli.

Une faillite est une calamité publique dont les ravages sont quelquefois immenses. Il importe dès lors de rechercher si les causes en sont dans les fautes , dans la déloyauté du failli , ou simplement dans des pertes qu'il n'a pas pu éviter.

S'il a trompé, s'il est coupable de fraude ou de dol, l'ordre public et la sécurité due au commerce demandent qu'il soit puni, et la première conséquence de sa faute doit être de le rendre incapable ou indigne de faire un traité avec ses créanciers.

S'il n'est que malheureux, si la faute qu'il a com-

mise est le résultat de ses erreurs ou d'une négligence , d'une faiblesse qui n'accuse point sa bonne
foi , il est digne de pitié. L'ordre public, l'humanité
et la justice veulent également qu'il ne soit pas écra-
sé sous les rigueurs d'un créancier opiniâtre, dur,
inflexible. Un traité, dans ce cas, devient chose utile
aux créanciers comme au failli , et ce traité serait
souvent impossible, si quelques-uns pouvaient arrêter une convention consentie par le plus grand nombre.

L'équité n'est point blessée de la violence faite à
quelques volontés. Quand la position de tous est la
même ; quand il s'agit pour tous , non d'éviter une
perte , mais de perdre le moins possible, il est juste
que la volonté du plus grand nombre devienne la
loi de tous. Dans toute délibération , la sagesse est
réputée être du côté de la majorité.

D'ailleurs , l'intérêt des créanciers ne se borne
pas à perdre le moins possible ; il embrasse aussi
l'avenir du failli. En le rétablissant à la tête de ses
affaires, ils le mettent à même de faire des bénéfices
qui pourront lui permettre un jour de conquérir sa
réhabilitation , c'est-à-dire , de les désintéresser
complétement.

La réhabilitation est le grand intérêt du failli. Elle
doit être le but de tous ses efforts ; il y doit tendre
de toute la puissance de ses facultés, et ne jamais
oublier qu'en le déchargeant actuellement d'une par-

tie de sa dette, ses créanciers attendent de lui qu'il ne négligera rien pour reconquérir une position honorable.

Mais plus cette théorie est favorable, plus le législateur doit prendre de précautions pour prévenir les abus. Il ne faut pas qu'une majorité séduite ou corrompue impose sa volonté, assure l'impunité du crime, viole impunément les prescriptions de la loi. Il ne faut pas que le failli puisse se jouer de ses créanciers, tromper leur bonne foi et s'enrichir à leurs dépens, en renouvelant plusieurs fois sa faillite.

Sous ce rapport, on doit en convenir, le Code de 1807 avait manqué de prévoyance. Il permettait, il est vrai, l'opposition au concordat ; mais il laissait les créanciers désarmés contre les fraudes qui ne se manifestaient qu'après l'homologation et contre l'inexécution du contrat par le failli. Sans doute la doctrine et la jurisprudence étaient venues ou pouvaient venir à leur secours: mais les règles du droit commun étaient seules applicables ; ce qui nécessitait autant de jugements que de créanciers qui voulaient revenir contre le concordat. Chose fâcheuse ! La dette du failli s'augmentait de tous les frais, et le créancier se voyait obligé de subir les conséquences d'une nouvelle faillite.

De son côté, le failli n'attendait pas toujours les poursuites de ses créanciers pour se déclarer de nouveau en faillite et leur offrir une légère portion du dividende qu'il n'acquittait pas. C'était pour lui le moyen de ne rien payer et de vivre, de s'enrichir même à leurs dépens.

Un tel état de choses donnait lieu à des plaintes fort vives. Et comme, d'ailleurs, d'autres parties de la loi étaient aussi l'objet d'une critique fondée, le législateur s'occupa de réviser toutes les dispositions du Code de Commerce sur les faillites. Un premier projet de loi fut présenté aux chambres législatives, le 1er décembre 1834. Il fut adopté par la chambre des députés seulement.

Un deuxième projet fut soumis à la chambre des pairs, le 26 janvier 1836. Il ne paraît pas qu'il ait donné lieu à une discussion.

Enfin, le 17 janvier 1837, un troisième projet fut présenté à la chambre des pairs, et c'est ce projet qui a été définitivement adopté et sanctionné le 28 mai 1838.

Cette loi a été elle-même l'objet de quelques critiques que nous ne croyons pas toutes fondées. Peut-être aurons-nous l'occasion d'en signaler quelques-unes et de nous en expliquer. Ce que nous devons dire ici, c'est que le chapitre relatif aux concordats est l'un de ceux que la nouvelle loi a le plus sensiblement améliorés. Nous verrons s'il laisse quelques lacunes à remplir, s'il contient quelques dispositions qu'il serait utile de changer ou de modifier.

La matière des concordats est très-importante ;

elle soulève des difficultés fort graves , fort sérieuses , dont quelques-unes, en assez grand nombre ,
ne paraissent point avoir été entrevues par les commentateurs de la nouvelle loi. Nous les avons tous
étudiés, du moins ceux que nous connaissons, Renouard, Bédarride, Lainné , de Saint-Nexent, notre
compatriote (1) ; et nous leur devons trop , ils ont
assez fait pour la science , pour que nous puissions,
sans injustice, leur refuser l'hommage qui leur est
dû. L'œuvre de chacun d'eux est un guide pour le
magistrat , une lumière pour le jurisconsulte. Peut-
être ils ne se sont pas tous élevés à la même hauteur;
peut-être il y a, entre eux, un ordre de mérite qu'il
ne nous appartient ni de fixer ni de proclamer. Notre travail n'est point entrepris dans le but de critiquer nos devanciers, et déjà ils ont reçu la part d'é-
loges que leur doit la reconnaissance publique. Notre
intention est de suppléer à ce qu'ils ont omis , de
signaler les quelques erreurs qui ont pu leur échapper, et notamment d'entrer plus avant qu'ils ne l'ont
fait en général, dans la recherche des difficultés que
présente l'application de la loi aux faits qui se pro-

(1) Cela ne veut pas dire que nous ayons négligé les
auteurs qui ont écrit sur l'ancien Code de Commerce ,
Pardessus, Boulay-Pâty, Vincens , etc.; mais nous les
citerons peu , parce qu'il entre dans nos vues de ne pas
trop nous préoccuper de ce qui se pratiquait avant la loi
de 1838.

duisent chaque jour ou qui peuvent se produire dans l'avenir.

Si nous bornons notre œuvre aux concordats c'est que , d'une part, les principales dispositions de la loi étant faites en vue de ces traités qu'elle tend à favoriser, il y a nécessité de les y rattacher presque toutes ; et, d'autre part, cette matière est si compliquée , elle consacre tant d'exceptions au droit commun , elle soulève par suite de si nombreuses difficultés que, comme l'expérience nous l'a appris, il existe peut-être fort peu de concordats qui puissent utilement se défendre d'une attaque. Cette seule considération suffit, ce nous semble, pour justifier de l'utilité d'un ouvrage spécial sur une partie de la loi dont l'application est de chaque jour. Puisse le nôtre répondre à nos intentions , et il nous sera acquis le suffrage de tous ceux qui , à un titre quelconque , sont appelés à s'occuper des concordats.

DES CONCORDATS.

CHAPITRE Iᵉʳ.

DE LA FORMATION DU CONCORDAT OU DES CONDITIONS
ESSENTIELLES A SA VALIDITÉ.

1. Il n'était pas possible que la loi laissât au failli et à ses créanciers la liberté de consentir un concordat au moment où ils le jugeraient convenable ; d'y appeler ou d'en exclure à leur gré des personnes dont la présence ou l'éloignement favoriseraient leurs vues, d'en déterminer la forme, d'y stipuler pour des absents, de s'affranchir de toute règle pour se livrer aux inspirations d'une volonté arbitraire ou intéressée. D'ailleurs, les formalités essentielles à la validité des conventions en général, ne pouvaient pas suffire pour un contrat qui, de sa nature, est hors du droit commun, et qui serait inévitablement devenu une cause de désordre, si la loi n'avait pas pris le soin d'en régler elle-même la forme et les

conditions. Ses dispositions n'ont rien d'obscur,
d'équivoque, d'ambigu ; mais, pour bien comprendre sa volonté, pour s'assurer du véritable esprit
qui l'a animée, il nous paraît convenable de diviser
ce qu'elle prescrit pour la formation de ce contrat.

SECTION 1re.

Quand le concordat peut être formé.

2. Il ne pourra être formé de traité entre le failli
et ses créanciers, dit l'article 507, qu'après l'accomplissement des formalités ci-dessus prescrites.

Cette disposition qui se trouvait aussi dans l'ancien Code, a pour objet d'empêcher toute espèce de
traité particulier entre un failli et ses créanciers,
après l'ouverture de la faillite, sans le concours de
l'autorité judiciaire, et avant l'accomplissement de
certaines formalités destinées à prévenir bien des
abus qui se commettaient sous l'empire de la législation antérieure au Code de Commerce.

3. La déclaration de la faillite par le tribunal de
commerce est la première de ces formalités. Il est à
remarquer, en effet, que le dépôt de son bilan par
un failli, la clôture de ses magasins, la cessation de
ses paiements ou l'action de ses créanciers, ne for-
ment pas la déclaration de faillite. L'un ou l'autre
de ces faits constitue ou peut constituer l'état de fail-

lite ; mais c'est le tribunal de commerce qui la déclare. Lui seul a reçu cette mission de la loi (article 440), et la loi a eu raison de le vouloir ainsi. Elle ne devait pas permettre que l'état d'un citoyen dépendit de circonstances quelques fois trompeuses, ou des craintes exagérées d'un créancier.

4. La fixation de la cessation des paiements ou de l'ouverture de la faillite est aussi une formalité préalable, essentielle à la validité du concordat.

L'article 441 laisse au tribunal qui a déclaré la faillite la faculté de déterminer, même d'office, l'époque de la cessation des paiements, dans le jugement même qui déclare la faillite, ou dans un jugement postérieur. Cet article a été l'objet des plus vives critiques, soit lors de la discussion de la loi, soit de la part de quelques-uns de ses commentateurs (1).

Nous n'avons pas à rechercher ici jusqu'à quel point cette critique est fondée. A nos yeux la loi repose sur de bonnes raisons, et nous ne voyons pas quels inconvénients peuvent en résulter qui soient assez graves pour balancer les abus qu'elle prévient.

5. Si le jugement qui déclare la faillite en fixe provisoirement l'ouverture, le concordat qui intervient sans qu'un autre jugement détermine définitivement l'époque à laquelle ont cessé les paiements, n'est pas nul pour cela, parce que, si personne ne réclame contre la fixation provisoire, cette fixation

(1) De Saint-Nexent, tome 1, p. 78 et suiv.

devient définitive. Le droit de réclamer subsiste seulement jusqu'à l'expiration des délais fixés pour la vérification et l'affirmation des créances. (art. 581).

Il est évident aussi que l'on ne peut passer au concordat que lorsque le jugement qui prononce sur la cessation des paiements est devenu définitif. Conséquemment, s'il était consenti pendant que ce jugement serait frappé d'opposition ou d'appel, il serait nul, même nonobstant l'homologation.

On pourrait inférer le contraire d'un arrêt de la cour de Poitiers en date du   octobre 1852 , dont 'expédition a passé sous nos yeux. Voici l'espèce :

Après le jugement déclaratif de la faillite d'un sieur S ..., le tribunal reporta à une époque fort antérieure la cessation des paiements de ce failli. Un créancier dont l'byppothèque se trouvait compromise par ce report, fit opposition un jugement. Cette opposition fut rejetée et le jugement maintenu. Il est bon de remarquer que l'opposant n'avait pas fait vérifier sa créance. — Immédiatement le jugement sur l'opposition, un concordat, auquel ne fut pas appelé le créancier opposant , intervint entre le failli et ses autres créanciers. Ce traité fut homologué ; mais, la veille même du jugement d'homologation, il y avait eu appel, par le créancier, du jugement qui avait repoussé son opposition. Cet appel, dénoncé aux syndics et au failli, resta impoursuivi pendant quelques mois. Cependant, les syndics ayant rendu leur compte et remis au failli ses livres et ses biens, celui-ci poursuivit l'instance d'appel, et, se subrogeant aux droits des syndics, demanda la confirmation du jugement. L'appelant se défendit en le soutenant non recevable dans ses conclusions.

La cour, considérant, entre autres choses, que le failli, ayant obtenu un concordat de ses créanciers, avait capacité pour défendre à l'appel ; mais qu'il était sans qualité et sans droit pour faire reporter la cessation des paiements à une époque antérieure à la déclaration de sa faillite, infirma le jugement dont était appel.

Comme on le voit, la cour fonde sa décision sur le concordat, sans s'occuper de sa validité, ou plutôt en l'admettant comme valable et sans s'apercevoir sans doute que, de la difficulté même sur laquelle elle avait à statuer, résultait la preuve que le concordat n'avait pas d'existence légale. Elle n'a pas vu qu'en lui demandant, d'une part, la réformation, et, de l'autre, le maintien du jugement qui reportait l'ouverture de la faillite à une époque antérieure à la déclaration de faillite, les parties reconnaissaient formellement que le jour de la cessation des paiements n'était pas définitivement fixé lors de l'homologation du concordat; et que, par cela même, elles ne pouvaient, ni l'une ni l'autre, argumenter d'un traité dont l'article 507 prononce la nullité.

Dira-t-on que la nullité n'existe pas ? Dira-t-on

que la nullité n'étant pas demandée, la cour n'avait pas à s'en préoccuper ?

La nullité existe ; la nullité est d'ordre public.

Elle existe, parce que s'il est une formaltté préalable, essentielle à la validité du concordat, c'est assurément celle qui a pour principal effet de faire connaître ceux des créanciers qui ont le droit d'y figurer et de le consentir. L'espèce même de l'arrêt ne prouve-t-elle pas la nécessité d'attendre, avant de délibérer sur le concordat, la fixation de l'époque où les paiements ont cessé , puisque, selon cette époque , les appelants se trouvaient exclus du traité ou devaient y concourir, et que , créanciers d'une somme considérable, leur vote aurait eu une influence marquée sur le résultat de la délibération ?

Donc il y a nullité. Mais cette nullité est-elle d'ordre public ?

Nous ne pensons pas que cela puisse être mis en doute par quiconque sera bien pénétré de l'esprit qui a dicté les dispositions de la loi sur les faillites. Garantir l'ordre public , protéger les créanciers absents, prévenir les fraudes , déjouer les calculs d'une majorité oppressive, tels sont les motifs qui ont fait écrire la peine de nullité dans l'article 507.

Or, admettre le concordat avant que le jour de la cessation des paiements soit déterminé par le tribunal , pendant même qu'une discussion subsiste à ce sujet, c'est favoriser précisément tout ce que la loi a voulu empêcher. Si on se hâte, c'est que l'on a un but caché. Ou l'on veut prévenir toute investigation sur quelques engagements frauduleux ; ou l'on redoute la présence de quelque créancier ; ou l'on profite d'une décision dont on craint l'infirmation ; ou l'on espère laisser parmi les créanciers hypothécaires un créancier dont l'hypothèque serait nulle ou l'inscription tardive.

Si donc la nullité est d'ordre public, il est évident que la cour de Poitiers ne pouvait pas, ne devait pas faire du concordat la base de sa décision. Au lieu de le valider ainsi implicitement, elle avait à le considérer comme n'ayant pas d'existence légale ; elle devait ordonner que la cause serait plaidée contradictoirement avec les syndics de la faillite. Cette doctrine nous paraît virtuellement consacrée par deux arrêts de la cour de cassation des trois janvier 1833 ; et treize novembre 1837 (1).

L'arrêt de la cour de Poitiers a fait naître une autre difficulté très-sérieuse sur laquelle nous aurons occasion de nous expliquer.

6. Ce n'est pas assez qu'il y ait un jugement déclaratif de la faillite et un jugement qui en fixe l'ouverture, la loi exige de plus que ces deux jugements soient rendus publics par des affiches et par des insertions dans les journaux (Art. 442).

Cette publicité est prescrite dans l'intérêt du fail-

(1) Sirey, 33-1-132.

li , des créanciers et des tiers. Il ne paraît pas que l'ordre public y soit directement pour quelque chose. De sorte que le défaut de publicité , pourrait-t-on dire, ne fait obstacle ni au concordat ni à son homologation , lorsque les parties se taisent , lorsqu'elles n'en font pas le motif d'une opposition au concordat.

Sans doute les jugements existent quoi qu'ils n'aient pas été publiés : mais aussi, tant qu'ils ne sont pas définitifs , le failli, les créanciers , les tiers intéressés, ont toujours le droit de les attaquer, soit par la voie d'opposition, soit par un appel. Ainsi le veulent les articles 580 et 582. Les termes du premier de ces articles font assez entendre que l'affiche et l'insertion dans les jouruaux sont des formalités que l'on ne néglige point impunément. La loi semble donc interdire toute délibération sur le concordat tant que l'une ou l'autre des parties est en position de faire révoquer le jugement déclaratif de la faillite ou déterminatif de la cessation des paiements.

Si les parties seules étaient intéressées à la publicité du jugement , nous dirions qu'elles ne peuvent plus se plaindre du défaut de publicité une fois qu'elles ont passé au concordat , parce qu'alors elles auraient exécuté les jugements, et que l'exécution volontaire d'un jugement fait perdre le droit de l'attaquer ensuite par opposition ou par appel. Mais le créancier hypothécaire ou privilégié ; mais le tiers-donataire du failli à qui l'on voudrait opposer le jugement qui, par le report de la faillite, annule son titre, aurait toujours le droit de le faire rapporter par les voies légales. Cette cause de nullité suffit pour autoriser chaque créancier à se prévaloir du défaut de publicité pour s'opposer au concordat.

7. La nomination d'un juge-commissaire et d'un ou de plusieurs syndics est également une formalité préalable à la formation du concordat. Cette nomination doit se faire par le jugement même qui déclare la faillite (art. 451 et 455). Nous ne croyons pas qu'il y eut nullité alors qu'elle aurait lieu par un jugement postérieur. Seulement il est indispensable que les syndics aient été confirmés ou nommés aux termes de l'art. 462; car ce n'est qu'aux syndics définitifs que la loi confie toutes les opérations de la faillite.

8. Le jugement déclaratif de la faillite doit aussi ordonner l'apposition des scellés et le dépôt du failli dans une maison d'arrêt, ou la garde de sa personne par un agent de la force publique. Les scellés, le dépôt ou la garde du failli sont-t-ils des formalités dont l'inobservation puisse empêcher toute délibération sur le concordat?

Quant à la garde ou au dépôt du failli nous ne faisons pas de difficulté de les considérer comme chose indifférente, en ce qui concerne le concordat. L'art 505 suppose même, comme nous le verrons, que le failli s'est soustrait au dépôt de sa personne, sans faire de sa désobéissance à la loi un empêchement au concordat.

Mais, relativement aux scellés, l'omission serait autrement importante. Ce n'est pas, toutefois, l'ordre que donne le jugement de les apposer que nous considérons comme nécessaire, mais le fait de l'apposition. La loi y oblige les syndics pour prévenir les détournements et les soustractions que le failli ou tout autre personne pourrait commettre après la déclaration de faillite, et aussi comme moyen de déposséder le failli de ses biens, dont elle lui retire l'administration. L'intérêt des créanciers exige donc impérieusement que l'on ne néglige point cette formalité.

Si cependant l'apposition n'a pas lieu qu'elles en seront les conséquences par rapport au concordat ?

Remarquons, avant tout, que si les scellés manquent par suite de l'autorisation du juge-commissaire, dans le cas de l'article 455, cette circonstance ne fera point obstacle à la formation du concordat. Il n'est pas possible de se prévaloir d'une omission commandée ou tolérée par la loi elle-même.

Mais, hors ce cas particulier, il semble y avoir difficulté. La loi commande l'apposition des scellés et nul ne peut en contester l'utilité. Il est hors de doute aussi qu'elle ne permet point de s'occuper du concordat avant le temps qui est donné aux syndics pour les faire apposer. La difficulté ne se présente que si on a passé à l'inventaire et à la vérification des créances sans requérir cette mesure, et elle consiste à savoir si les créanciers peuvent délibérer sur le concordat ou s'ils sont obligés de se constituer en état d'union.

La formation du concordat nous paraît possible.

De deux choses l'une, ou les créanciers établissent que la non-apposition des scellés leur est préjudiciable, ou ils reconnaissent qu'elle ne leur cause aucun dommage.

Au premier cas, le préjudice n'est pas du fait du failli (si non, pas de difficulté, puisqu'il y aurait dol de sa part). Lui refuser le concordat, ce serait le rendre responsable de la négligence ou de la faute des syndics. A ceux-ci seuls l'obligation de réparer le dommage qu'ils ont causé. Ils représentent les créanciers; s'ils remplissent mal leur mandat aucun autre n'en doit souffrir; contre aucun autre les mandants ne peuvent se plaindre.

Et que ferait aux créanciers l'état d'union? Cet état n'améliorerait pas leur position; il l'agraverait plutôt. S'il ne leur fait pas perdre leur recours contre les syndics, il ne leur donne aucun droit de plus contre le failli. Ils sont donc sans intérêt à prendre prétexte du défaut d'apposition de scellés pour refuser de délibérer sur le concordat.

A plus forte raison cet intérêt leur manque-t-il absolument lorsqu'ils n'élèvent aucune plainte; lors-

qu'ils n'articulent pas que les scellés les eussent garantis d'une perte , d'un dommage quelconque.

9. Il n'en est pas de l'inventaire comme des scellés. Dans aucun cas la loi n'en dispense les syndics,
et aucun acte postérieur n'en peut couvrir l'omission. Le bilan lui-même, quoique rectifié ou arrêté
par les syndics, ne peut le suppléer. De tous les
actes de la faillite c'est le plus important et le plus
utile. Non seulement il fait connaître la nature et la
valeur de chaque objet mobilier appartenant à la faillite, les droits et les actions qu'elle peut exercer, les
dettes et les charges qui la grèvent ; mais encore il
sert à vérifier l'exactitude et la fidélité du bilan. Il
n'est donc pas possible de s'occuper du concordat
avant que l'inventaire soit fait.

Mais faut-il aussi que le double de l'inventaire soit
déposé au greffe du tribunal de commerce? L'article 480 exige ce dépôt d'une manière absolue. Il
est nécessaire pour que les créanciers et le failli puissent consulter l'inventaire, y recourir au besoin ,
s'assurer de l'exactitude du rapport et du compte
des syndics, et, peut-être aussi, pour prévenir leurs
infidélités Il semble dès lors qu'aux yeux de la loi, et
relativement au failli, aux créanciers et au tribunal,
l'inventaire n'a d'existence légale que par le dépôt
de l'une des minutes au greffe. C'est une raison pour
dénier la faculté de passer au concordat avant que
ce dépôt soit opéré.

Si l'inventaire n'est fait qu'en un seul original, il n'y a pas obstacle au concordat, pourvu qu'il soit déposé au greffe. La loi ne veut qu'une chose, que l'inventaire ne reste pas à la seule disposition des syndics.

10. Nous venons de dire que le bilan ne peut pas suppléer à l'inventaire. Est-il également vrai que l'inventaire ne dispense pas de la confection du bilan ?

Le bilan ou état sommaire par chapitres de l'actif et du passif du failli, de ses bénéfices et de ses pertes, de ses dépenses et des causes de la cessation de ses paiements, est expressémment exigé par la loi. Elle y tient tellement qu'elle ordonne aux syndics de le dresser lorsque le failli ne l'a pas fait lui-même (Art. 476), et qu'elle punit celui-ci de sa négligence, en déclarant qu'il ne pourra pas être affranchi du dépôt de sa personne dans la maison d'arrêt pour dettes (art. 454).

Le bilan doit précéder l'inventaire. Il est nécessaire pour faire connaître les créanciers qui doivent être immédiatement convoqués par le juge-commissaire; pour faciliter la vérification des créances; pour mettre les syndics à même de remettre au ministère public le mémoire prescrit par l'article 482, et pour d'autres causes encore. Sa confection est donc, sous tous les rapports, une formalité essentielle à la validité du concordat.

L'inventaire contient, il est vrai, l'état détaillé de toutes les valeurs actives et passives du failli ; mais on n'y rencontre pas l'état de ses bénéfices et de ses pertes, les dépenses de sa maison, les causes, ni les caractères de sa faillite. Conséquemment il n'est pas possible que l'inventaire supplée au bilan ou qu'il dispense les syndics de le dresser.

11. Parmi les autres formalités prescrites par le Code, il en est auxquelles l'article 507 ne paraît point se référer. Telles sont celles relatives à la vente du mobilier ou des marchandises , au recouvrement des billets, à la consignation des sommes reçues , à l'accomplissement des actes conservatoires. L'omission de ces formalités peut bien engager la responsabilité des syndics ; mais elle ne saurait avoir aucune influence sur le concordat.

12. Il ne reste donc que la vérification et l'affirmation des créances. Sans doute, il ne viendra à l'idée de personne de prétendre que le concordat peut avoir lieu avant le terme fixé pour l'accomplissement de cette double opération.

Seulement nous devons remarquer qu'il n'est pas d'absolue nécessité que toutes les créances soient reconnues. Il peut en être quelques-unes qui soient l'objet d'une contestation; il suffit qu'elles soient admises provisoirement pour une quotité déterminée.

Une créance peut être provisoirement admise lorsque : 1° il y a du doute sur l'existence de la dette ;

2° la dette est certaine, mais on en ignore le chiffre, ou on le conteste ; et 3° la dette est reconnue, mais on dénie à celui qui se présente pour l'affirmer, son droit ou sa qualité.

Dans ces différents cas ou autres , la discussion pourrait, en se prolongeant, devenir une cause de préjudice pour les créanciers, et ce doit être une raison pour ne pas attendre qu'elle soit terminée avant de s'occuper du concordat. Aussi verrons-nous que la loi ordonne de comprendre, parmi les créanciers qui ont le droit de concourir au concordat, ceux dont la créance est provisoirement admise.

13. Si la créance était rejetée pour le tout et que la contestation dût se prolonger, le tribunal déciderait s'il y a lieu de surseoir au concordat ou de passer outre à la délibération. (Art. 498, 499 et 500).

Le sursis doit être ordonné toutes les fois que, soit par la nature du titre, soit par le chiffre de la créance, la présence du créancier aurait nécessairement une influence quelconque sur le résultat de la délibération. La loi s'en rapporte à la sagesse des tribunaux : Ils doivent y apporter la plus grande attention. L'intérêt de la masse les sollicite puissamment; ils le serviraient mal s'ils permettaient le concordat alors qu'on aurait à craindre une décision postérieure, dont s'autoriserait le créancier pour l'attaquer, ou pour en paraliser les effets par ses poursuites.

14. Ainsi donc, ce n'est qu'après les délais fixés pour la vérification et l'affirmation des créances que, toutes les autres formalités d'ailleurs accomplies, il est possible de s'occuper du traité que le failli veut faire avec ses créanciers.

Mais puisque la loi ne permet point au failli de consentir un traité particulier à chacun de ses créanciers ; puisqu'elle exige un traité qui soit commun à tous, et auquel tous soient appelés à concourir, il s'en suit naturellement que la convocation des créanciers est aussi une formalité préalable à la formation du concordat.

Section 2me.

De la convocation et de l'assemblée des créanciers.

15. Ce ne sont plus les syndics, c'est le juge-commissaire seul qui a le droit et qui est obligé de convoquer les créanciers. (Art. 504).

Il est grave et solennel le moment où d'immenses intérêts vont se trouver en présence. D'un côté, des créanciers qui défendent une partie souvent notable de leur fortune ; de l'autre, un débiteur qui excuse son passé et lutte pour son avenir ; que de précautions à prendre pour garantir ceux-là de toute surprise, pour sauver celui-ci du désespoir !

Rarement les syndics sont impartiaux, et ils ne peuvent pas l'être s'ils sont créanciers ; souvent ils sont ou indifférents ou négligents ou faibles. En leur laissant le soin de convoquer les créanciers, on leur laissait la faculté d'exclure, pour ainsi dire, de l'assemblée ceux qu'ils auraient jugés ou trop favorables ou trop opposés aux propositions du failli ; ceux encore que, par des motifs particuliers, ils voudraient écarter de la délibération.

D'un autre côté, on ne pouvait donner au failli le droit de réunir lui-même ses créanciers. Il aurait facilement trouvé le moyen de composer l'assemblée de manière à assurer le succès de ses offres et de se soustraire à des investigations fâcheuses pour lui.

Le juge-commissaire seul est sans intérêt à favoriser telle ou telle combinaison. Son caractère de magistrat est une garantie de la sincérité de la convocation et de l'opportunité du jour qu'il fixe pour la réunion.

16. Selon l'article 504 , la convocation doit se faire dans les trois jours qui suivent les délais prescrits pour l'affirmation des créances.

Chaque créance doit être affirmée dans la huitaine qui suit sa vérification. De sorte que, pour bien déterminer les trois jours dans lesquels le juge-commissaire doit faire convoquer les créanciers , il faut s'assurer, d'une part , du dernier jour du délai accordé aux créanciers pour faire vérifier leur créance, et, d'autre part, du jour qu'a eu lieu la dernière vérification.

La vérification ne peut commencer que dans les trois jours qui suivent les délais accordés aux créanciers domiciliés en France par les deux premiers paragraphes de l'article 492, et elle se termine au jour fixé par le juge-commissaire, sans attendre ceux des créanciers dont le domicile est hors du territoire continental de la France. (Arg. de l'art. 502).

S'il arrive, comme on le pratique assez ordinairement, que l'affirmation se fasse le jour même de la vérification, les trois jours pour la convocation commencent à compter de l'expiration de la huitaine qui suit le dernier jour accordé pour la vérification. Nous croyons cependant que ce ne serait pas s'écarter de l'intention de la loi que de faire la convocation après la huitaine de la dernière affirmation, si le délai de la vérification expirait dans cette huitaine, sans qu'il se présentât d'autre créance à vérifier.

17. Selon Lainné (1), le délai de trois jours imparti pour convoquer les créanciers n'est que comminatoire, parce que l'art. 504 ne prononce point la nullité de la convocation postérieure à ce délai.

On pourrait lui répondre que si la peine de nullité n'est pas écrite dans cet article, elle est prononcée par l'article 507 qui s'applique à la formalité de la convocation, comme aux autres formalités que nous avons indiquées.

(1) Page 202.

En général, quand une loi commande c'est pour être obéie, et cela doit être vrai surtout en matière de faillite où tout ce qui est ordonné paraît être de rigueur. Assurément la convocation faite par les syndics serait nulle aujourd'hui. Elle serait nulle aussi si elle était faite autrement que par lettres du greffier et par la voie des journaux. Du moins, et nous ne pensons pas que l'on puisse raisonnablement soutenir le contraire, le créancier qui ne serait pas présent à l'assemblée pourrait utilement attaquer le concordat.

Nous pensons cependant que la convocation tardive, faite d'ailleurs de la manière prescrite , n'entrainerait point la nullité du concordat ; non pas parce que la nullité ne se trouve pas prononcée par l'article 504 , mais parce que la convocation est de toute nécessité, qu'elle doit nécessairement avoir lieu pour que les opérations de la faillite puissent être continuées. Il est à remarquer, en effet, que la convocation prescrite par l'article 504 ne l'est pas seulement en vue du concordat ; elle l'est aussi pour constater l'état d'union et procéder aux formalités que cet état exige. Or, aux créanciers seuls il appartient de repousser le concordat et de lui préférer l'état d'union. Il ne dépend pas , il ne peut pas dépendre du juge-commissaire de les constituer de plein droit en cet état, en retardant la convocation seulement d'un jour. Et puis, ce retard peut être indépendant de sa volonté.

Les créanciers, du reste, n'ont aucun intérêt sérieux à se prévaloir d'un retard qui ne leur enlève aucun de leurs droits. Ils restent toujours libres de consentir un traité ou de passer à un contrat d'union. En fixant à trois jours le délai de la convocation, la loi a voulu seulement imposer au juge une grande célérité. Tous les intérêts exigent que la faillite ne se prolonge pas indéfiniment, qu'elle se termine le plus tôt possible par un concordat ou par une liquidation.

18. La convocation se fait par lettres missives du greffier et par des insertions dans les journaux (art. 504). Ces insertions ont pour objet d'avertir ceux des créanciers à qui ne parviendrait pas la lettre de convocation ou que l'on aurait omis, ou qui ne se seraient pas encore fait vérifier.

Renouard (1) est de ce sentiment; seulement il ajoute que le défaut de convocation d'un créancier affirmé pourrait autoriser le refus d'homologation aux termes de l'art. 515.

Cet article laisse sans doute au tribunal une grande latitude; mais nous pensons qu'il ne s'applique pas au cas particulier dont il s'agit en ce moment. On ne peut pas dire que la convocation n'ait pas eu lieu d'une manière légale par cela seul qu'un créancier

(1) Tome 2, p. 2.

a été omis. Et puisque c'est en prévision de cette omission que la loi prescrit l'insertion de la convocation dans les feuilles publiques, il en faut bien conclure qu'elle ne regarde pas cette omission comme suffisante pour légitimer le refus d'homologation. Elle a très-bien compris qu'il ne fallait pas laisser le sort du concordat aux mains du greffier qui, par faiblesse ou pour d'autres causes, ne convoquerait pas un créancier affirmé. Il y aurait autant de danger à cela qu'à autoriser un créancier à se pourvoir contre le concordat sous le prétexte que la lettre de convocation ne lui est pas parvenue.

Ce prétexte servirait trop souvent le mauvais vouloir d'un créancier : mais ce n'est pas une raison pour décider, avec la cour de Paris, (1) que les lettres sont surabondantes et que la convocation par les journaux suffit. La loi commande l'une et l'autre convocation ; on peut même dire qu'elle ne prescrit celle par les journaux que comme une précaution contre l'omission d'un créancier ou la perte des lettres. Si donc on négligeait l'une ou l'autre, le tribunal serait autorisé à refuser l'homologation. Ce serait le cas d'appliquer l'art. 515.

Bédarride (2) prétend que la convocation faite par les journaux ne s'adresse pas ici aux créanciers encore inconnus, par la raison qu'ils ne pourraient pas

(1) Arrêt du 18 mars 1833. Dalloz 33-2-146.
(2) Tome 1, n° 511.

assister à l'assemblée. Il se trompe évidemment. Le créancier inconnu peut se présenter et se faire admettre avant la réunion et par conséquent prendre part à la délibération.

19. Les lettres et les insertions dans le journal doivent indiquer l'objet, le jour, l'heure et le lieu de la réunion.

Ici, l'objet de la réunion est complexe. Il s'agit de la formation du concordat, ou des mesures prescrites pour le cas où le concordat n'aurait pas lieu. Il est donc extrêmement important que les créanciers en soient avertis, puisque de la décision qu'ils ont à prendre dépend le sort de la faillite.

C'est le juge-commissaire qui fixe le lieu, le jour et l'heure de la réunion.

Le *lieu* n'est pas seulement la ville où siége le tribunal dans le ressort duquel la faillite est ouverte; c'est aussi le local dans lequel la réunion se tiendra.

La fixation du jour ne se doit pas faire arbitrairement. S'il ne convient pas que le juge renvoie la réunion à une époque reculée, il doit néanmoins laisser aux créanciers les plus éloignés le temps de se présenter. Son devoir est aussi de rechercher s'il ne reste point à remplir quelque formalité essentielle afin que le moment de la réunion n'arrive qu'après son accomplissement. Il suit de là que, si l'époque où cette formalité sera accomplie est incertaine, comme s'il s'agit de la décision sur l'appel du jugement qui détermine l'ouverture de la faillite, le juge-commissaire est obligé de suspendre la convocation. Ceci prouve que, comme nous le disons plus haut, le retard dans la convocation ne dépend pas toujours de la volonté du juge.

20. Doivent être convoqués tous les créanciers qui ont affirmé leur créance et tous ceux qui sont admis provisoirement à la faillite (même article 504).

Il n'en faut pas exclure, comme le prétend Bédarride (1) les créanciers hypothécaires ou privilégiés ou nantis d'un gage. Puisque la loi leur accorde le droit de participer aux mesures qui sont prises après le rejet du concordat (art. 529), il est clair qu'ils peuvent être présents à la réunion.

21. Mais, si déjà un créancier s'est fait représenter par un mandataire, est-ce à ce fondé de pouvoirs que la lettre doit être adressée? Bédarride (2) semble le penser. Les autres auteurs ne le supposent pas, puisqu'ils n'en parlent point. Nous croyons qu'il y aurait des inconvénients à ne pas appeler directement le créancier à une assemblée qui doit prononcer sur le sort de la faillite. Le greffier n'a pas qualité pour apprécier l'étendue du mandat; il ignore si le créancier n'a point retiré ses pouvoirs, ou si telle n'est point son intention, ou s'il ne désire point comparaître en personne. Du reste, dans le doute,

(1) Tome 1, n° 512.
(2) Tome 4, p. 461 *in fine*.

il est préférable de suivre le texte de la loi qui prescrit de convoquer les créanciers , et qui , en leur permettant de se faire représenter par un mandataire, semble bien exiger un mandat spécial pour l'objet de la réunion.

22. On peut se demander aussi si les cautions d'un créancier doivent être convoquées concurremment avec lui ou à son exclusion.

Une caution ne peut se présenter à la faillite que lorsqu'elle a désintéressé le créancier.

Si elle a payé avant la vérification et l'affirmation des créances, c'est à elle à se faire vérifier, parce que seule elle est créancière du failli, et , dans ce cas, c'est à elle que la convocation doit s'adresser.

Mais si l'affirmation de la créance est du fait du créancier, la caution est encore étrangère à la faillite : on n'a pas besoin de s'en préoccuper. Aussi nous ne partageons pas le sentiment de Pardessus (1) qui trouve juste qu'en offrant au créancier suffisante *caution* de le payer à l'échéance conventionnelle de la dette, le co-obligé ou la caution puisse s'opposer à ce qu'il consente des remises au failli. Ce n'est qu'après sa libération que la caution , comme subrogée aux droits du créancier, peut intervenir dans la faillite. Jusque là le créancier a seul droit de délibérer sur le concordat.

Il ne faut pas conclure de là que la caution , pas

1) Tome 4 , p. 461 *in fine.*

plus que le co-obligé , aurait à souffrir de la mauvaise volonté ou de la négligence du créancier à ne se pas présenter à la faillite. Si, faute d'avoir affirmé sa créance, le créancier se trouvait déchu des dividendes attribués, soit par le concordat, soit dans la répartition, il aurait à subir une réduction proportionnelle à ce qu'il aurait pù recevoir dans la faillite. Ce n'est ni aux cautions ni aux co-obligés à supporter cette perte.

23. Si un créancier a cédé ses droits depuis l'affirmation de sa créance et que l'acte de cession ait été signifié aux syndics, ce n'est plus ce créancier , c'est son cessionnaire qui doit être appelé à l'assemblée.

De même si le créancier était décédé ou tombé en faillite , ses héritiers , son légataire ou les syndics devraient être convoqués.

24. Le créancier mineur doit être convoqué en la personne de son tuteur, à moins qu'il ne soit émancipé. Nous ne pensons pas que, dans ce dernier cas, on doive également avertir le curateur ; c'est au mineur à s'en faire assister. Nous verrons ailleurs si cette assistance est requise en cas de concordat.

Quant à la femme créancière , l'exercice de ses droits dépend et de ses conventions matrimoniales et de ses rapports avec le failli.

S'il s'agit de la faillite de son mari, il suffit de la convoquer seule puisque , son mari sera nécessairement appelé à la délibération.

Mais, lorsqu'elle est créancière dans la faillite d'un tiers, son mari doit toujours être appelé concurremment avec elle, à moins qu'il ne soit certain qu'elle soit séparée de biens et que sa créance soit purement mobilière. Car, hors ce cas, ses droits et actions appartiennent ou peuvent appartenir au mari. Jusque-là, les conventions matrimoniales sont ignorées, et d'ailleurs il n'appartient, ni au juge-commissaire, ni au greffier de les interpréter en l'absence du mari.

25. Plusieurs des co-obligés à la même dette, peuvent être en faillite en même temps. Cependant, avant les déclarations de faillite, le créancier a reçu, de l'un des co-obligés ou d'une caution, un à-compte sur sa créance. Celui qui a fait le paiement partiel doit être compris dans la masse du failli, dit l'art. 544, pour tout ce qu'il a payé ; ce qui implique l'obligation de le convoquer, s'il a affirmé sa créance.

Mais dans quelle faillite doit-il être admis ? Evidemment il y a des distinctions à faire.

Ou c'est un co-obligé, ou c'est une caution qui a versé l'à-compte.

Si c'est un co-obligé, il a ou il n'a pas de recours à exercer contre ses co-obligés.

Au premier cas, il a le droit de figurer dans toutes les faillites ouvertes et, dans chacune, pour tout ce qui lui est dû. Conséquemment, s'il est lui-même en faillite, ses syndics devront être appelés à toutes les assemblées particulières aux autres faillites.

Dans le second cas, c'est-à-dire, s'il n'a de recours à exercer contre aucun de ses co-obligés , la dette est éteinte par rapport à lui ; il ne peut se présenter à aucune faillite.

Lorsque c'est une caution qui a payé, elle doit être admise à la faillite de tous ceux qu'elle a cautionnés, comme l'est le créancier lui-même pour le surplus de sa créance.

Ainsi, soit le co-obligé, soit la caution ou les syndics de l'un ou de l'autre, ne sont point représentés par le créancier désintéressé en partie, et il est nécessaire de les appeler à l'assemblée qui doit délibérer sur le concordat.

Il est bien entendu que , si le co-obligé ou la caution avait payé un à-compte seulement après l'ouverture de la faillite du débiteur principal, elle serait sans droit à réclamer sa présence dans l'assemblée des créanciers de ce débiteur.

26. Lorsqu'une société en nom collectif est en faillite, convient-il de convoquer, outre les créanciers de la société, les créanciers particuliers ou personnels de chacun des associés?

Cette difficulté ne se présente que pour le cas où il serait définitivement reconnu et jugé que la faillite d'une société en nom collectif entraîne nécessairement la faillite individuelle de chaque associé.

Quelques auteurs , s'étayant des termes des articles 438 et 458 et d'un arrêt de la cour de Douai , du 9 février 1825 (1), prétendent en effet que chaque associé est personnellement en faillite par cela seul que la société est en état de faillite déclarée.

Malgré notre respect pour les décisions judiciaires, notre estime pour les savants commentateurs de la loi de 1838 et une juste défiance de nous-même , nous ne pouvons pas le taire, une telle doctrine est presque inconcevable. Elle est si manifestement contraire aux principes, elle conduit à des conséquences si funestes, qu'il n'est pas possible de l'admettre, que la combattre est un devoir.

Nous ne dirons pas que d'autres auteurs (2) la repoussent ; nous ne remarquerons pas qu'un seul arrêt ne fait pas jurisprudence et que cet arrêt juge la question par la question : cette réponse ne prouverait qu'une chose, le doute sur la solution à donner à la difficulté, et nous espérons démontrer que le doute n'est pas permis.

27. L'opinion contre laquelle nous nous élevons se fonde sur les dispositions des articles 438 et 558. Voyons donc ce que prescrivent ces articles et quelle est la portée de leur disposition.

Dans une société collective, tous les associés sont

(1) Sirey, 26-2-134.

(2) Pardessus notamment , dans son cours de droit commercial , Tome 4, p. 20.

solidairement et indéfiniment obligés à tous les engagements de la société. On sait par quels motifs la loi leur impose cette solidarité. Il n'est donc pas étonnant, et c'est même une conséquence nécessaire de la règle, que l'article 438 ordonne à celui des associés qui dépose le bilan de la société, d'énoncer, dans sa déclaration, le nom et le domicile de chacun des associés (1). Il faut bien que les créanciers de cette société sachent contre qui ils peuvent diriger leur action alors que la société annonce son insolvabilité. Dira-t-on que les associés sont connus par la publication même de l'acte de société ? Mais, outre que cette publication peut ne pas avoir lieu, il n'est pas impossible que, dans le cours de l'existence de la société, quelques associés aient cessé d'en faire partie, ou qu'ils aient été remplacés par quelques-uns de leurs héritiers, ou que des tiers y aient été admis.

Ce n'est pas là du reste le seul motif de la disposition de l'article 438. La loi en a eu d'autres pour prescrire l'indication du nom et du domicile de chaque associé. Il était dans ses vues, comme on le voit dans l'article 558, d'ordonner l'apposition des scel-

(1) Cet article suppose donc que c'est l'un des associés qui déclare la cessation de paiements. On en peut conclure l'impossibilité d'en argumenter lorsque la faillite est déclarée sur la demande d'un créancier, ou d'office par le tribunal.

lés à leur domicile respectif. Or, cette mesure n'aurait pas pu être exécutée, ou ne se serait accomplie que tardivement, si le tribunal n'avait pas été à même d'établir les noms et la demeure de tous les associés dans le jugement déclaratif de la faillite.

Enfin, la loi a dû considérer que, l'être collectif étant ici composé d'individualités qui doivent être connues, chaque associé est réellement en faillite, en sa qualité d'associé, et pour tout ce qui regarde la société.

Ce dernier motif s'applique aussi à la disposition de l'article 558. C'est parce que le nom de chaque associé est engagé dans la faillite que la loi a prescrit l'apposition des scellés à son domicile. Elle avait à craindre que l'associé ne détournât ses valeurs actives pour les soustraire à l'action des créanciers de la société; peut-être même qu'il ne fut nanti de quelques objets appartenant à la société, et qui, sans cette mesure, eussent échappé à l'investigation des syndics.

Telle nous paraît être la véritable portée de ces deux articles. Comme on le voit, rien, jusque là, n'indique d'une manière positive qu'ils aient été conçus dans la pensée de faire produire à la faillite d'une société collective la faillite particulière et individuelle de chacun de ses membres. Aussi, les auteurs dont nous réfutons la doctrine vont-ils chercher des arguments dans d'autres dispositions, c'est-à-dire dans les articles 22 et 531.

La solidarité établie par l'article 22, entre tous les associés, a pour effet, disent-ils, d'obliger chaque associé à remplir les engagements de la société. Donc si cette société est déclarée en faillite, il y a preuve que chaque associé ne peut pas donner aux créanciers la satisfaction qu'il leur doit.

Non, la faillite de la société ne prouve pas l'insolvabilité particulière de tous et de chacun des sociétaires. Cette faillite peut être déclarée avant que les créanciers aient agi contre les associés personnellement, peut-être même avant que ceux-ci aient connaissance des actes qui en motivent la déclaration. Ne sait-on pas qu'aucun créancier de la société ne peut former une demande contre un associé, pris en son nom personnel, qu'après avoir constaté le défaut de paiement par la caisse sociale? Ne sait-on pas que ce défaut de paiement peut entraîner la déclaration de faillite, soit à la requête des créanciers, soit d'office par le tribunal? Il y a plus, un associé, quoique solvable, peut avoir intérêt à laisser déclarer la faillite, comme seul moyen pour lui de mettre fin à une association qui ne lui rapporte que des pertes. Et l'on voudrait qu'un protêt qu'il ignore peut-être, fût la preuve irréfragable de sa propre insolvabilité! et il serait en faillite de plein droit!

Il n'y a point de faillite de plein droit. Toute faillite est un fait que la loi laisse aux tribunaux le soin de constater.

Mais, continuent les auteurs, il devient absolument impossible de faire une juste application de l'article 531, si l'on n'admet pas la faillite individuelle de chaque associé. Cet article permet en effet aux créanciers de la société de consentir un concordat en faveur de l'un ou de plusieurs des associés et de le refuser aux autres. Comment concevoir le concordat pour les uns, l'état d'union pour les autres, sans reconnaître que tous sont individuellement en faillite ?

Nous tirons de la disposition de cet article 531 une conséquence tout opposée. Outre que la faillite simultanée de la société et de chacun de ses membres la rendrait inapplicable, nous trouvons, dans ses termes mêmes, la preuve que la loi prévoit ou suppose la société seule en faillite.

En effet, pour que les créanciers d'une société en faillite aient le pouvoir ou la faculté d'accorder le concordat à l'un des associés et de le refuser aux autres, il faut bien qu'ils composent seuls l'assemblée qui doit délibérer sur les propositions des uns et des autres. Or, si tous les sociétaires étaient individuellement en faillite, il est clair qu'il n'y aurait pas de concordat possible sans le concours des créanciers personnels de chacun des associés, et que, par suite, il pourrait arriver que le concordat se refusât ou s'accordât précisément à ceux des associés que les créanciers de la société voudraient y admettre ou en exclure (1).

Il y a plus, cet article 531, comme pour aller au-devant d'une interprétation fautive, a le soin de distinguer la *masse sociale* des biens particuliers de chaque associé. Ces biens, il les exclut formellement de la masse. Nous prévoyons bien que l'on peut remarquer que l'exclusion ne porte nommément que sur les biens personnels de l'associé *concordataire*, pour en conclure peut-être que ceux des autres associés y demeurent réunis. Cette conséquence irait au-delà de la pensée de la loi. La loi s'explique de manière à faire comprendre que, si elle n'exclut pas de la masse sociale les biens particuliers de l'associé qui n'a pas obtenu de concordat, du moins elle ne les y fait pas entrer de plein droit ; et cela suffit au maintien de notre sentiment. Autre chose

(1) Renouard prétend que ce n'est qu'après que la majorité des créanciers de la Société a donné son consentement au concordat de l'un des associés que les créanciers personnels de cet associé se réunissent à ceux de la société pour voter définitivement le concordat. Cela suppose que les créanciers personnels sont liés par la délibération des créanciers de la société. Où est la loi qui le veut ? Si telle n'est pas la pensée de cet estimable auteur, à quoi bon deux réunions puisque le sort de l'associé dépend uniquement de la seconde. Or, s'il est vrai que le concordat puisse être refusé nonobstant le consentement de la majorité des créanciers de la société, notre opinion est justifiée.

est de regarder cette réunion comme possible (1), autre chose de la faire résulter ou de la réputer opérée par le seul fait de la faillite sociale.

L'article 531 s'explique parfaitement par cette considération que la loi n'a pas voulu que les biens de la masse sociale servissent au paiement des dividendes promis par l'associé admis à la faveur d'un concordat. Elle ne laisse aux créanciers d'autre garantie que les biens personnels de cet associé ; ce qui certes est bien loin d'impliquer sa faillite personnelle.

28. Ce n'est pas assez d'avoir réfuté les arguments de l'opinion contraire à la nôtre ; nous avons aussi à prouver que cette opinion est contraire à tous les principes, et que, si elle était admise, la loi ne serait pas praticable dans la plupart de ses dispositions.

Il est de principe que toute société, même collective, est un être moral qui a ses biens, ses intérêts, ses droits, ses obligations distincts et séparés des obligations, des droits, des intérêts, des biens personnels de chacun de ses membres. Elle est, pour ainsi dire, une *personne* qui a son existence à part, son action individuelle, ses accidents particuliers. Les profits qu'elle fait, les pertes qu'elle éprouve, les procès qu'elle subit ne sont ni les bénéfices, ni

(1) Elle est possible si l'associé tombe en faillite et n'a pas de créanciers personnels.

les pertes , ni les procès de chacun des associés en particulier. Pourquoi donc sa faillite serait-elle en même temps la faillite individuelle de chacun des associés ?

Il est de principe aussi que toute personne qui s'oblige puisse avoir des co-obligés qui partagent ou qui garantissent ses engagements. Pour une *personne*, pour un *être moral* qui n'a d'existence que dans l'entendement, ce n'est pas seulement une faculté , ce doit être le plus souvent une obligation. Les engagements de cet être moral pourraient, en effet, devenir illusoires si ceux qui ont le droit d'en demander l'exécution n'avaient d'action que contre cet obligé, dont les biens sont à la disposition des individus mêmes qui le composent. Tel est le motif qui a déterminé la loi à rendre les associés en nom collectif solidairement obligés à tous les engagements que contracte leur société.

Ainsi, d'une part , la loi distingue les engagements de la société des engagements particuliers de chaque associé, et, d'autre part , c'est elle qui donne (de plein droit et sans qu'il soit besoin de convention) à la société ses propres membres pour co-obligés.

Or , nulle part la loi n'a dit que la faillite du débiteur principal entraînait nécessairement la faillite de ses co-obligés. Jamais on n'a confondu la faillite de ceux-ci avec la faillite de celui-là. Elle a même

4

pris le soin de régler les droits des créanciers dans chaque faillite , comme on le voit dans les articles 542 et suivants qui nous paraissent parfaitement applicables aux associés en nom collectif.

Donc la faillite d'une société formée en nom collectif n'entraîne pas, ne crée pas virtuellement ou de plein droit la faillite individuelle de tous les associés. La loi est trop sage pour déclarer elle-même une faillite quelconque ou pour vouloir qu'une faillite s'induise naturellement d'une autre faillite.

29. Mais supposons que l'erreur soit de notre côté ; croyons pour un instant que la faillite sociale produise la faillite individuelle des associés , comme un jugement produit l'hypothèque , comment arriverons-nous à l'application des diverses règles qui gouvernent les faillites ?

Demandons nous d'abord si la faillite sociale et toutes les faillites individuelles n'en font qu'une, ou si l'on doit séparer la première de celles qui en naissent.

Ce n'est pas là une difficulté purement imaginaire; elle est sérieuse, au contraire, dans le système de nos adversaires. Rappelons-nous, en effet, qu'ils considèrent l'apposition des scellés au domicile de chaque associé, comme le signe le plus certain de leur état de faillite individuelle. Or cette apposition de scellés a lieu uniquement sur le vu du jugement déclaratif de la faillite sociale, et son effet immédiat est de mettre en la possession des syndics les biens des faillis.

Ainsi les faillites individuelles ont la même origine que la faillite sociale ; toutes dérivent du même fait et sont constatées par le même jugement qui dépouille en même temps tous les associés de l'administration et des biens sociaux et de leurs biens particuliers.

Donc il n'y a qu'une seule faillite soumise à la juridiction d'un seul tribunal, dirigée par un seul juge-commissaire, administrée par les seuls syndics que nomme le jugement.

Sans nous préoccuper des embarras, des complications, des obstacles qu'un tel état de choses crée à l'accomplissement des premiers actes de la faillite ; sans nous arrêter à l'article 531 dont la disposition devient inapplicable, recherchons seulement si l'on peut arriver à la réunion d'une assemblée qui ait la puissance de délibérer sur un concordat commun à tous les faillis ou particulier à chacun d'eux.

L'assemblée se compose et des créanciers de la société et des créanciers particuliers de chacun des sociétaires ; cela doit être puisqu'il n'y a qu'une seule faillite et, conséquemment, une seule masse. Proposer à une telle assemblée un concordat commun à la société et à chacun de ses membres, c'est supposer, d'une part, que les créanciers de la société sont obligés de renoncer à leur droit de préférence sur l'actif social, et, d'autre part, que chaque as-

socié est obligé de s'engager envers les créanciers
de ses co-associés au préjudice de ses propres créanciers, forcés eux-mêmes de consentir à un sacrifice.
——Personne, sans doute, ne voudra admettre une telle
supposition et croire que la loi prescrive ou protége
seulement une délibération qui conduirait à de tels
résultats.

C'est donc un concordat particulier à chaque associé qui devient l'objet de la réunion des créanciers. De quelle manière l'assemblée va-t-elle procéder au vote? Nous cherchons vainement une
combinaison qui puisse aboutir à quelque chose
de rationnel et d'équitable. Il n'en est pas, parce
que les créanciers d'un associé ne peuvent ni ne
doivent concourir au traité qui regarde les autres
associés; parce que les créanciers de l'un ne voudront entendre à aucune proposition relative aux autres, avant d'avoir la certitude que leur débiteur sera
admis au concordat; enfin parce que, pour concilier tous les intérêts, il faut que chaque associé ait
un actif et un passif égaux à l'actif et au passif de
ses co-associés, égalité qu'il serait chimérique d'admettre.

Aussi Renouard, qui a senti sans doute que l'arrêt
de la cour de Douai renfermait l'idée d'une seule
faillite et prévu que cette idée conduirait à des conséquences absurdes, se hâte-t-il d'enseigner que,
outre la faillite sociale, il y a autant de faillites dis-

tinctes que d'associés. La faillite sociale , dit ce savant commentateur , s'ouvre au siége de la société ; la faillite particulière de chaque associé s'ouvre au domicile de chacun d'eux. Chacune de ces faillites a son bilan , son tribunal , son syndicat , son juge-commissaire.

Renouard ne s'est pas aperçu qu'il se mettait en contradiction avec lui-même.

S'il est vrai que la faillite de chaque associé s'ouvre à son domicile ; que chaque faillite ait son tribunal , son syndicat , son juge-commissaire indépendant du tribunal , du juge-commissaire et du syndicat de la faillite sociale , il n'est pas vrai alors que la mise en faillite de la société opère par elle-même la faillite de chacun des associés , à ce point qu'il n'est pas nécessaire que cette faillite particulière soit déclarée pour que l'associé soit déchu de l'administration de ses biens personnels , comme le juge la cour de Douai dont Renouard adopte la décision.

Une faillite ne s'ouvre pas sans un jugement qui la déclare , et si le jugement qui déclare la faillite sociale n'est pas, en même temps, et par une induction tirée de la volonté présumée de la loi , déclaratif de la faillite individuelle de chaque associé , il devient évident qu'une autre autorité doit intervenir qui statue sur cette déclaration , et la prononce.

Mais cette autre autorité, ce tribunal du domicile

de l'associé a son droit d'examen que nul sans doute n'osera lui contester. Si donc l'associé, appelé pour voir prononcer sa propre faillite, justifie au tribunal que son actif dépasse et les dettes sociales et ses dettes particulières (1) , s'il prouve qu'il n'a point été mis en demeure d'acquitter les dettes sociales ; s'il ne demande, pour les payer , que le temps nécessaire à la réalisation de sommes suffisantes, le tribunal, assurément, se refusera à déclarer la faillite. Il ne voudra pas se montrer plus rigoureux, pour cet associé, qu'il ne le serait pour le commerçant qui lui apporterait la preuve que l'inexécution d'un engagement échu tient uniquement à un embarras momentané, à un événement fortuit.

On répondra peut-être que le tribunal n'est pas libre ; qu'il est lié par le jugement déclaratif de la faillite sociale ; ce serait prétendre que le juge du domicile de l'associé doit se borner à reconnaître la faillite de cet associé et à nommer un juge-commis-

(1) Si un seul associé peut payer les dettes sociales , il n'y aura pas de faillite, dit Renouard. Il ne faut donc pas le supposer lui-même en faillite par la seule déclaration de la faillite sociale. S'il est failli , sa solvabilité est douteuse et ne devient certaine que par l'inventaire fait à son domicile.

Que déciderait Renouard dans le cas où , déduction faite de leurs dettes personnelles, l'actif réuni de tous les associés s'élèverait à une somme suffisante pour acquitter les dettes sociales ? Y aurait-il faillite ?

saire et des syndics , c'est-à-dire à exécuter purement et simplement le jugement d'un autre tribunal.
Il est bien permis de penser , en l'absence de toute
disposition légale qui le prescrive , qu'un tel rôle ne
peut ni ne doit convenir à un tribunal quelconque.
La nomination du juge-commissaire et des syndics
doit se trouver dans le jugement même qui déclare
la faillite, ou, tout au moins, être faite par le juge qui
a prononcé ce jugement. Jamais encore il n'a été
vrai qu'une faillite soit dépendante de deux autorités
égales en pouvoir, et dont l'une n'est que la simple
exécutrice des décisions de l'autre.

Renouard aurait donc dû compléter sa pensée. Il
ne suffisait pas de professer qu'il y a autant de faillites distinctes que de débiteurs , il était nécessaire
d'expliquer comment l'existence des faillites individuelles, distinctes et indépendantes de la faillite sociale, peut se concilier avec le principe que le jugement déclaratif de la faillite sociale a seul produit
toutes les faillites individuelles.

En admettant que chaque faillite individuelle se
déclare par le tribunal du domicile de chaque associé , soit à la requête des syndics de la faillite sociale , soit d'office par le tribunal , soit même sur la
demande de l'associé, comme le veut Lainné (1), les

(1) P. 28 et 29 , où il prétend que chaque associé *doit*
se déclarer personnellement en faillite aussitôt la faillite
sociale ouverte.

difficultés se présentent non moins nombreuses, non moins ardues que s'il n'y avait qu'une seule faillite pour la société et pour chacun de ses membres.

Nous n'en signalerons qu'une seule, parce qu'elle suffit à prouver notre proposition, et qu'il est temps d'ailleurs de terminer une discussion déjà bien longue.

Est-ce du jour de la déclaration de sa faillite, ou du jour de la faillite sociale que chaque associé est réputé en faillite? N'est-ce pas plutôt du jour que la société a cessé ses paiements ou de l'époque à laquelle il a lui-même manqué à ses engagements personnels?

La fixation de l'ouverture de chaque faillite individuelle dépend évidemment de l'influence que peut avoir le jugement déclaratif de la faillite sociale sur la décision du tribunal de chaque sociétaire.

S'il est vrai que la faillite sociale enfante, pour ainsi dire, instantanément les faillites individuelles, celles-ci doivent avoir la même date que celle-là. De sorte que le tribunal du domicile particulier de l'associé, lié par le jugement du tribunal du siége de la société, ne peut ni reporter la faillite de l'associé insolvable au jour de la cessation de ses paiements, ni se dispenser de faire remonter au jour de l'ouverture de la faillite sociale, la faillite de l'associé qui, jusque-là, a fait honneur à ses engagements.

De là cette conséquence que les actes faits par l'associé solvable, dans les dix jours qui précèdent la cessation des engagements sociaux, sont nuls ou peuvent être annulés, tandis que ceux consentis par l'associé insolvable, postérieurement à la cessation de ses paiements, sont valables, s'ils précèdent les dix jours de la faillite commune.

De là encore cette autre conséquence que le créancier solvable n'a plus la faculté de payer, même les dettes sociales.

Sans doute Renouard a compris tout ce que ces conséquences, la dernière surtout, ont de déraisonnable et d'injuste, puisqu'il décide que le créancier solvable peut être assigné par les créanciers de la société, et que, s'il exécute la condamnation prononcée contre lui, la société aura payé : il n'y aura plus de faillite, sauf peut-être la faillite individuelle de quelques associés.

Il faut bien le dire, cela est peu réfléchi. Une fois admis en principe que la faillite sociale entraîne immédiatement les faillites individuelles de tous les associés, et que l'apposition des scellés à leur domicile particulier en est le signe, il est de règle absolue qu'ils sont tous dépouillés de l'administration de leurs biens, incapables d'exercer leurs actions, incapables de défendre aux actions dirigées contre eux, à plus forte raison, incapables de faire un paiement quelconque.

Si maintenant on veut reconnaître que le tribunal, appelé à prononcer sur la faillite individuelle d'un associé, est libre dans son action, qu'il lui appartient de ne pas déclarer la faillite, que seul il peut donner une date à la faillite, s'il la déclare, il sera incontestable que cet asssocié n'est pas en faillite du jour même que sa société y a été déclarée, que sa faillite n'est pas un effet immédiat et nécessaire de la faillite sociale, et que, conséquemment, le principe admis et consacré par la cour de Douai est un principe erronné qui repose sur l'interprétation trop rigoureuse de l'article 22.

Concluons donc : la faillite sociale rend probable la faillite *individuelle* de quelques-uns des associés, de tous même, mais elle ne la constitue pas. Si postérieurement quelques-uns tombent, en effet, en cet état, les créanciers de la société, représentés par leurs syndics, exercent leur action dans chaque faillite, conformément aux dispositions de l'article 542, parce que, pour eux, chaque associé est le co-obligé solidaire de la société.

30. Nous ne croyons pas avoir besoin d'observer que le sociétaire, créancier de la société, a le droit de participer à la faillite et de concourir au concordat.

31. La discussion à laquelle nous venons de nous livrer nous conduit à l'examen d'une difficulté qui a quelque analogie avec celle qui précède.

Si le failli est une femme marchande publique, la

convocation doit-elle s'adresser aussi aux créanciers personnels du mari?

Non, si la femme est mariée sans communauté, ou séparée de biens, ou sous le régime dotal. Dans l'un et l'autre cas les intérêts de la femme sont essentiellement distincts de ceux du mari, et, dès lors, les dettes de l'un ne peuvent pas affecter les biens de l'autre.

Mais, si la femme est mariée en communauté, les dettes commerciales qu'elle contracte affectent cette communauté; le mari en est tenu même sur ses biens personnels, absolument comme s'il les eût consenties lui-même (art. 5).

La faillite de la femme semble donc être la faillite de la communauté. D'où l'on peut conclure que la faillite de la femme marchande publique est la faillite même du mari.

Cette conséquence nous paraît inévitable. Le mari commun en biens qui autorise sa femme à faire le commerce est réputé faire le commerce sous le nom de sa femme. Si elle s'oblige, elle l'oblige en même temps, et il n'est pas un simple co-obligé, il est l'obligé principal, en sa qualité de chef de la communauté.

Peut-être voudra-t-on voir de la contradiction dans ce que nous disons ici et ce que nous avons établi en matière de sociétés collectives, par la raison que la communauté de biens entre époux est une véritable société. Sans doute la communauté de biens entre époux est une véritable société. Mais, on le sait, cette société diffère des autres sociétés et se gouverne par des règles particulières. Pour l'autorisation qu'il donne à sa femme de faire le commerce, le mari ne perd ni son droit de puissance maritale, ni sa qualité de chef de la communauté : il ne fait que rendre la femme habile à s'engager pour le fait de son commerce. C'est une partie de l'administration de la communauté qu'il lui confie ; rien de plus.

Dans une société de commerce, la dette particulière d'un associé n'est pas la dette de la société. Il en est autrement en fait de communauté : les dettes valablement contractées par l'un ou l'autre des époux sont les dettes de cette communauté, même alors qu'il font un commerce séparé. Il n'y a qu'un seul actif, il ne peut y avoir qu'une seule faillite.

32. Le failli doit être appelé à l'assemblée. Puisqu'il s'agit d'un traité avec lui et ses créanciers, il doit être averti du jour de leur réunion. La loi l'oblige même à s'y présenter en personne, et elle ne l'admet à s'y faire représenter par un fondé de pouvoirs que lorsqu'il n'a pas sa liberté, ou qu'il en est empêché par des motifs valables approuvés par le juge-commissaire. (art. 505).

Quelques auteurs ont pensé que cet article donnait au juge-commissaire le pouvoir arbitraire d'empêcher le concordat, puisqu'elle lui permet de refuser un sauf-conduit au failli et, en même temps, de ne pas l'admettre à se faire représenter par un mandataire. La loi s'est expliquée de manière à ne pas mériter ce reproche. C'est au failli, dispensé du dépôt de sa personne, ou qui a obtenu un sauf-conduit, qu'elle ne permet pas d'envoyer, à sa place, un mandataire si le juge n'approuve pas les motifs qui l'empêchent de se présenter en personne. Donc le mandat devient nécessaire, si le failli n'a pas la liberté de sa personne.

33. Lainné (1), celui de tous les commentateurs qui a le plus critiqué la loi de 1838, tire de ce double pouvoir, laissé au juge-commissaire par l'article 505, la conséquence que le concordat peut être fait en l'absence du failli non représenté, s'il a fait des propositions par écrit. Cette opinion, quoique appuyée par Bédarride (2) ne paraît pas soutenable, et elle est suffisamment réfutée par Renouard (3).

34. Le même auteur, Lainné, se demande aussi comment on pourra remplir le vœu de l'article 505, en cas de faillite d'une société anonyme, puisque là il n'y a pas de failli qu'on puisse appeler à l'assemblée des créanciers.

Si, comme le professe cet auteur, une société anonyme peut être déclarée en faillite, ce qui est vivement controversé (4), elle a droit au concordat

(1) P. 206.
(2) Tome 1, n° 501.
(3) Tome 2, p. 6.
(4) V. Renouard, tome 1, p. 255.

comme tout autre failli. Conséquemment, son directeur ou ses gérants doivent être appelés à l'assemblée des créanciers. Ils ont toujours le pouvoir d'agir dans l'intérêt des actionnaires : la déclaration de faillite ne leur enlève que le pouvoir d'administrer. Pour clore et arrêter les livres de la société, c'est évidemment les gérants que les syndics doivent appeler. Ce sont les gérants que le juge-commissaire doit entendre ou appeler, avant d'autoriser les syndics à procéder à la vente des effets mobiliers ou des marchandises. Ce sont eux aussi qui doivent être appelés lorsque le juge-commissaire autorise les syndics à faire quelque transaction. En un mot, toutes les fois que la loi autorise le failli à faire certains actes, ou exige sa présence, son concours, sa participation aux actes de la faillite, les gérants de la société anonyme ont le même droit et sont soumis aux mêmes obligations. C'est une conséquence nécessaire de l'état de faillite.

35. Mais une société anonyme peut-elle être déclarée en faillite ? Ceux qui soutiennent la négative se fondent sur ce qu'une telle société est une agrégation de capitaux, un être de raison, et non une personne à qui l'on puisse appliquer certaines dispositions de la loi. D'ailleurs, ajoutent-ils, par la déclaration de faillite, les administrateurs ou gérants perdent leurs pouvoirs ; la société est dissoute, et les statuts de cette société qui confèrent ces pou-

voirs ne peuvent plus la régir.

Sans doute une société anonyme est un être de raison (comme toute autre société, du reste) qui n'est connu que par l'objet même de son entreprise. Mais cet être de raison est, aux yeux de la loi, une véritable *personne*, puisqu'il a sa capacité et ses incapacités, ses biens, ses droits, ses actions, ses obligations qui ne peuvent être confondus avec les biens, les droits et les obligations d'aucune autre personne.

Sans doute aussi cette espèce de société est plutôt une agrégation de capitaux qu'une réunion de personnes. Mais quelles conséquences tirer de là, si non que les capitaux seuls sont obligés, et que c'est une raison de les mettre sous la main de la justice, au lieu de les laisser à la disposition d'un liquidateur que nulle autorité ne surveille.

Sans doute enfin cet être de raison, cette personne fictive échappe au dépôt dans une maison d'arrêt pour dettes. Mais qu'importe? la loi est faite, non pour s'assurer de la personne du failli, mais plus spécialement pour le dessaisir de ses biens, protéger ses créanciers contre ses préférences ou ses infidélités, régler les traités qu'il peut faire avec eux et en déterminer les effets, ou pour présider à la répartition de ses valeurs actives entre les ayant-droit. Or cet *être de raison* est représenté par un *être réel*, un administrateur ou gérant auquel, comme nous venons de le dire, s'appliquent toutes les autres dispositions de la loi, même celles qui punissent le dol et la fraude (art. 593).

La loi ne fait point d'exception pour les sociétés anonymes. Toute société qui fait le commerce est un commerçant, et tout commerçant doit être déclaré en faillite lorsqu'il cesse ses paiements. La règle est générale, et l'art. 434 n'y déroge point. Pour ne pas l'appliquer à des sociétés qui, de leur nature, embrassent d'immenses intérêts, il faudrait d'autres raisons que l'impuissance de mettre le failli en état de dépôt.

La circonstance que le Gouvernement peut retirer à la société l'autorisation nécessaire à son existence, nous paraît sans importance. Si le retrait a lieu avant la déclaration de faillite, il ne peut pas l'empêcher, parce qu'il n'enlève pas aux créanciers le droit de s'assurer de leur gage et de s'en répartir la valeur (1). S'il ne vient qu'après la déclaration de faillite, s'il

(1) Un arrêt de la Cour de Cassation, du 8 février 1837, rapporté par Lainné, p. 37, juge que l'arrêt administratif qui ordonne la liquidation d'une société anonyme, empêche les tribunaux de déclarer cette société en faillite. Nous pensons, avec Lainné, que cet arrêt consacre une erreur. L'administration ne peut que retirer l'autorisation qu'elle a accordée : elle ne peut pas imposer aux créanciers un mode de liquidation qui ne leur convient pas. Il est possible que les faits aient influé sur la question de droit.

ne peut rien changer à l'état des choses. L'action gouvernementale ne saurait, dans aucun cas, modifier les dispositions de la loi.

Le retrait d'autorisation n'a et ne peut avoir d'autre effet que d'empêcher la société de continuer ses opérations. Les actionnaires n'en sont pas moins représentés par les gérants de la société, tant qu'ils n'ont pas révoqué leurs pouvoirs. Conséquemment, le concordat est possible, si les gérants sont autorisés à faire des propositions par une délibération prise en assemblée générale des actionnaires.

SECTION 3ᵐᵉ.

De la réunion et du vote des créanciers.

36. Au jour fixé par le juge-commissaire, toutes les personnes qui ont été convoquées doivent se réunir dans le lieu indiqué. La réunion est présidée par le juge. Dans une assemblée toujours nombreuse et où des intérêts opposés sont en présence, il était nécessaire d'une autorité qui eût le pouvoir de régler l'ordre des délibérations, de faire taire des récriminations irritantes, de repousser des prétentions injustes, de concilier des exigences trop absolues, de porter la lumière dans les débats. Cette autorité, la loi la confie à la sagesse, à l'impartialité

du magistrat qui a présidé à tous les actes de la faillite.

37. La première chose dont le juge-commissaire doit s'occuper, c'est de s'assurer que toutes les personnes présentes ont le droit d'assister à l'assemblée. Ordinairement les créanciers éloignés se font représenter par des mandataires. Le juge vérifie leurs pouvoirs. Cela n'est pas prescrit par la nouvelle loi parce que cela est de droit.

38. Les syndics font ensuite un rapport sur l'état de la faillite, sur les formalités qui ont été remplies et sur les opérations qui ont eu lieu. Ce rapport se fait par écrit; il est signé des syndics et remis au juge-commissaire qui doit le joindre au procès-verbal de la séance (art. 503). La loi (1) le veut ainsi pour assurer aux créanciers la sincérité et la permanence de ce rapport qui doit servir à constater le véritable état de la faillite et à jeter la lumière sur la gestion des syndics. Aussi pensons-nous que, si le rapport n'était ni signé ni déposé par les syndics, le concordat serait nul.

39. Bédarride (2) prévoit le cas où les créanciers auraient été induits en erreur par un rapport in-

(1) L'annexe au procès-verbal n'est point dans les termes de l'article 506 ; mais elle est dans son esprit. Ce n'est qu'au greffe que les parties peuvent prendre connaissance du rapport et en avoir des copies au besoin.

(2) Tome 1 , n° 547.

exact ou infidèle, et il demande si les créanciers pourraient s'en prévaloir pour faire prononcer la nullité du concordat. Il distingue : Si , dit-il , le failli a directement participé aux moyens employés pour les tromper , les créanciers ont indubitablement le droit de demander la nullité ; mais ils la demanderaient inutilement, si , sur la simple promesse de lui faire obtenir un concordat, le failli consent aux syndics un traité particulier. Ils ne peuvent avoir qu'un recours en dommages-intérêts contre les syndics.

Personne assurément ne contestera, à cet auteur, sa première proposition; mais la seconde pourrait bien n'être pas accueillie par les tribunaux. Sur quoi fonde-t-il sa décision ? sur la disposition de l'article 597 qui punit d'une peine corporelle le créancier dont l'adhésion au concordat a été le prix d'un traité particulier avec le failli , et n'en prononce aucune contre ce dernier. Or, dit l'auteur, les motifs qui affranchissent le failli d'une peine, en ce cas , subsistent également dans l'hypothèse d'un traité particulier avec les syndics. Donc le fait en lui-même n'est d'aucune conséquence pour le failli , et les syndics seul doivent en supporter la responsabilité.

Cet argument aurait toute sa valeur s'il s'agissait d'un traité particulier fait avec un syndic , en sa qualité de créancier , pour obtenir son vote. Mais évidemment il n'en a et n'en peut avoir aucune lorsqu'il s'applique au traité particulier consenti sur la promesse de faire obtenir le concordat. Cette promesse n'est achetée que parce que le failli sait bien qu'un rapport véridique lui serait contraire et empêcherait ses créanciers d'admettre ses propositions. C'est donc, en réalité, un rapport favorable ou fallacieux qu'il promet de payer. En vain il allègue sa bonne foi; car s'il n'a rien à craindre il ne doit pas aller au-devant du rapport, il doit l'attendre; et s'il arrive que les syndics, pour lui nuire, altèrent la vérité, il est là pour les démentir. Supposer qu'il garde le silence, lorsque le rapport lui est favorable, c'est le faire contribuer à l'erreur des créanciers. Il en doit être puni par la nullité du concordat; autrement il serait vrai qu'en cette matière, le dol de l'un des contractants ne vicie pas le consentement de l'autre.

40. Après le rapport des syndics, le failli est entendu. La loi exige sa présence à l'assemblée pour qu'il fasse des offres à ses créanciers. C'est à lui à les disposer à accepter ses propositions par un aveu sincère des causes de sa faillite, l'explication franche et loyale des faits qu'on lui reproche, l'exposé fidèle de ses ressources.

41. Les offres du failli sont l'objet principal de la délibération. Avant de s'en occuper, les créanciers ont le droit d'exiger qu'on leur justifie de l'accom-

plissement de toutes les formalités dont nous avons parlé. Il leur importe que le traité à intervenir soit régulier et ne puisse pas être annullé.

42. Par le même motif, ils doivent s'enquérir s'il n'existe point, contre le failli, des faits de dol ou de fraude, ou des poursuites criminelles en banqueroute frauduleuse ; car, dans l'un ou l'autre cas, ils ont la faculté de suspendre la délibération sur le concordat, ou de le refuser immédiatement (art. 510).

Cette faculté est de droit nouveau. Sous l'ancienne législation des faillites, les seules poursuites en banqueroute frauduleuse étaient un obstacle invincible à toute délibération sur le concordat. Cela était trop rigoureux. Un accusé n'est pas toujours coupable. Quelquefois une instruction se termine sans poursuite, et souvent les poursuites sont suivies d'un acquittement. D'ailleurs, la présomption d'innocence suit le prévenu jusqu'à sa condamnation. Il était donc injuste de frapper le failli simplement accusé ou poursuivi comme s'il était déjà condamné. La nouvelle loi n'a pas voulu qu'il en fût ainsi ; elle a autorisé les créanciers à se réserver le droit de passer au concordat en cas de non-poursuite ou d'acquittement du failli. Les faits qui motivent l'accusation leur sont exposés ; ils en pèsent la gravité, ils apprécient et les charges et la défense du failli, et, s'il leur apparaît quelque chance d'acquittement, ils renvoient leur délibération à un autre jour.

Toutefois, ce renvoi, ce sursis n'est possible que si les poursuites sont commencées : une simple dénonciation ou plainte, même déposée au parquet du ministère public, ne suffit pas pour arrêter la délibération. Il est à craindre que la plainte ne soit un moyen de retarder le concordat ou d'imposer des sacrifices au failli, employé par un créancier irrité ou peu scrupuleux. Le créancier conserve le droit de suivre sa plainte, s'il la croit fondée, ou de former opposition au concordat, et, s'il intervient une condamnation ou un jugement qui accueille l'opposition, le concordat sera annullé. Ainsi tous les intérêts sont ménagés.

43. Lorsque le failli n'est accusé que de banqueroute simple, et que les poursuites sont commencées, les créanciers ont la faculté ou de former immédiatement le concordat, ou de surseoir jusqu'après le jugement (art. 511). Ici encore la loi de 1838 consacre une amélioration que la justice réclamait. Dans un grand nombre de cas, la banqueroute simple repose sur des faits qui n'accusent point la loyauté du failli et que les circonstances peuvent rendre excusables. C'est donc plutôt aux créanciers qu'à la loi qu'il appartient de juger si la condamnation du failli le rend ou non indigne d'un concordat.

44. Dans tous les cas, le sursis ne peut être prononcé qu'à la même majorité requise pour la formation du concordat. Cette disposition finale de l'arti-

cle 510 est fortement approuvée par Renouard (1)
qui voit dans le sursis une mesure trop grave pour
qu'elle soit prise à la légère; mais elle est vivement
critiquée par Bédarride (2) qui la trouve contraire
au but que se propose la loi, en ce qu'elle tend à
empêcher le concordat qu'il est dans la pensée de la
loi de favoriser.

Cette critique ne nous paraît point fondée. Sans
doute la loi favorise les concordats parce que généralement ils sont avantageux pour les créanciers
comme pour le failli; et c'est précisément parce
qu'elle veut que le concordat puisse être formé, si le
failli est reconnu innocent, qu'elle permet aux
créanciers de surseoir au contrat d'union. Mais les
circonstances peuvent être telles que le sursis aurait
de graves conséquences dont les créanciers seuls
peuvent prévoir ou sentir le danger. La loi eût fait
violence à leur volonté et blessé profondément leurs
intérêts, si elle eût d'office prononcé le sursis, ou
laissé le sort de la délibération à la merci du plus
petit nombre ou des moins intéressés, en n'exigeant
que la simple majorité des votants, comme dans les
assemblées ordinaires.

45. Un autre sursis, dit Renouard, est prévu
par les articles 499 et suivants. Cela est vrai ; mais
c'est un sursis à la convocation de l'assemblée et

(1) Tome 2, page 37.
(2) Tome 2, n° 552.

non à la formation du concordat. Nous avons vu que ce sursis est prononcé par le tribunal ; ce ne sont pas les créanciers qui en délibèrent.

46. Lorsque le sursis est expiré, l'assemblée des créanciers doit être convoquée de nouveau et dans les mêmes formes :

47. Tous les créanciers présents ont le droit de faire des observations, de relever des erreurs, de défendre leurs intérêts, s'ils sont attaqués, d'exprimer leur avis sur l'objet de la délibération (1). La loi s'en réfère, à cet égard, à la prudence et à la sagesse du juge-commissaire à qui elle accorde virtuellement le droit de refuser ou de retirer la parole à ceux qui s'écarteraient des bienséances ou de l'objet de la discussion, ou qui voudraient parler de choses dont l'assemblée n'a pas à s'occuper ou sur lesquelles elle a déjà statué.

48. Quand les propositions du failli ont été examinées, on passe au vote. Le juge-commissaire recueille les voix et le greffier les constate, en prenant exactement les noms de ceux qui donnent leur suffrage. Cette constatation est essentielle ; car, si la loi permet à tous les créanciers indistinctement de prendre part aux débats, elle n'accorde pas à tous le droit de voter le concordat.

(1) V. Renouard, tome 2, p. 29, où il réfute Lainné qui émet une opinion contraire et soutient que l'art. 508 détruit l'art. 501.

49. Tout concordat repose sur la nécessité où sont les créanciers de subir une perte et sur l'intérêt qu'ils ont à ce que cette perte soit le moins considérable possible. Or, les créanciers qui ont un gage, un privilége, une hypothèque, n'ont ordinairement aucune perte à supporter. Dès lors ils sont réputés n'avoir aucun sacrifice à faire. C'est une raison pour les exclure du concordat. Leur concours à cet acte ne pourrait être que nuisible aux autres créanciers, puisque, par leur nombre, ou par l'importance de leurs créances, ils amèneraient l'adoption d'un contrat désavantageux, ou le rejet d'un traité conforme aux desirs et aux intérêts de la masse chirographaire. Aussi la loi déclare-t-elle déchu de son privilége ou de son hypothèque le créancier qui prend part à la délibération sur le concordat. Il est réputé de plein droit y avoir renoncé (art. 508), même alors qu'il aurait fait des réserves (1).

50. Cette disposition nécessaire doit être entendue sainement.

Il est clair d'abord que le créancier qui a deux titres, dont l'un n'emporte point hypothèque sur les biens du failli, a le droit de voter en sa qualité de créancier chirographaire, sans que son vote entraine sa renonciation au privilége ou à l'hypothèque qu résulte pour lui de son autre titre. Tel est, sans nul doute, l'esprit de la loi. Seulement le créancier doit

(1) C. d. C. 26 août 1851. — Dalloz, 51-1-283.

avoir le soin de faire constater qu'il ne concourt à la délibération que pour sa créance chirographaire; car, si le greffier l'y fait figurer pour le montant de ses deux créances, la disposition de l'article 508 lui sera applicable.

51. En second lieu, le tuteur n'ayant capacité ni pour renoncer aux hypothèques de son pupille, ni pour transiger sur ses droits, sans une autorisation préalable prise dans les formes voulues par la loi, son vote au concordat ne peut pas faire présumer la renonciation à l'hypothèque du mineur sur les biens du failli. L'article 508 suppose évidemment la capacité du créancier qui concourt au traité à faire cette renonciation. Une dérogation aux règles ordinaires, aux conditions essentielles à la validité des contrats, ne se présume jamais ; elle doit être expréssément écrite dans la loi. Cette vérité est tellement sensible qu'il est vraiment étrange que les tribunaux aient été obligés de la faire respecter par leurs décisons. La Cour de cassation s'en est expliquée deux fois : c'est assez pour que pareille difficulté ne se présente plus. (V. arrêts des 2 mars 1840 et 18 juillet 1843 rapportés par Renouard, tome 2 p. 24).

Il suit de là que, si la créance du mineur est purement chirographaire, le tuteur a capacité pour voter au concordat. Son vote oblige le mineur qui, du reste, comme tout autre créancier, est soumis à toutes les conditions de ce traité, même alors qu'il n'y aurait participé ni par lui-même ni par son tuteur.

Il suit de là encore que le mineur autorisé à faire le commerce, étant réputé majeur pour tous les faits de son commerce, il peut utilement concourir au concordat à raison de la dette commerciale que le failli aurait contractée à son profit ; si la dette était hypothécaire ou privilégiée son vote entrainerait sa renonciation à son droit de préférence.

Nous disons une *dette commerciale*, parce qu'il nous paraît que, relativement à celles de ses créances qui sont étrangères à son commerce, le mineur ne peut en donner décharge qu'avec l'assistance de son curateur. L'article 2 du Code de Commerce, loin de déroger à l'article 482 du Code Civil, en confirme implicitement la disposition, puisque cet article ne répute majeur, le mineur commerçant, que relativement *à ses engagements pour fait de commerce*.

52. Enfin, la femme même séparée de biens qui, seule et sans le consentement de son mari, figure au concordat, n'a pas capacité pour renoncer à son hypothèque sur les biens du failli, alors même que le failli serait son mari, ainsi que l'a jugé la Cour de Cassation, par son arrêt du 20 mars 1840 ci-dessus cité.

Mais, si la femme est marchande publique, et qu'il s'agisse d'une créance dont la cause soit un acte de son commerce, peut-elle, seule et sans l'autorisation de son mari, prendre part au concordat ? Nous y voyons de la difficulté lorsqu'elle est commune en biens.

Quoique sous plus d'un rapport la femme mariée soit assimilée en mineur, il est vrai néanmoins que la puissance et les droits du mari sont plus étendus que ceux du tuteur. Il est le chef de la communauté ; seul il peut disposer des biens qui en dépendent; la femme n'y a qu'un droit éventuel. Or, les créances de la femme marchande publique sont des créances de la communauté, comme ses dettes sont des dettes communes au mari. Il semble donc conséquent avec les règles du droit qu'elle ne puisse pas seule assister à la délibération sur le concordat et y donner son vote. A plus forte raison ne pourrait-elle pas seule renoncer à l'hypothèque acquise sur les biens du failli. Ce droit appartient au mari ; la femme ne peut l'exercer que de son consentement.

Objectera-t-on que l'article 7 rend la femme capable d'aliéner ses biens immeubles; qu'à plus forte raison elle peut aliéner ses créances et ses autres droits mobiliers ? L'objection ne porterait pas directement sur la difficulté, puisqu'il ne s'agit pas d'une créance personnelle à la femme, mais d'une créance qui, quoique souscrite en son nom, et à son profit, est un bien de la communauté.

On insistera peut-être, on dira : puisque la femme marchande publique a la capacité de recevoir ses créances commerciales et d'en donner quittance, elle doit avoir celle de prendre des arrangements avec ses débiteurs et de leur consentir soit un attermoiement soit une remise. Cette dernière capacité ne découle pas nécessairement de la première. L'autorisation de faire le commerce emporte bien le pouvoir de faire tous les actes que ce commerce nécessite ; mais elle ne confère pas celui de consentir les actes qui sortent du cercle habituel des opérations commerciales, et desquels peut résulter une aliénation, quelquefois gratuite, soit des biens de la femme, soit des biens de la communauté. Aussi nulle part la loi ne permet à la femme qui fait le commerce d'ester seule en jugement, de transiger, de compromettre, de disposer, à titre gratuit, même des valeurs qui sont dans son négoce.

53. Des principes que nous venons d'exposer, peuvent sortir quelques questions assez délicates.

On sait que tout jugement que le créancier obtient contre son débiteur emporte hypothèque sur les biens immeubles de ce dernier. On demande donc si le créancier, dont les syndics et le failli ont contesté la créance, et qui obtient un jugement contre eux, est un créancier hypothécaire, que son titre exclut de la délibération sur le concordat.

Il est de règle, qu'après l'ouverture de la faillite, nul créancier ne puisse acquérir, à l'encontre de la masse, un droit de préférence, une hypothèque sur les immeubles dont le failli a perdu l'administation.

Tel est le motif qui a dicté le dernier paragraphe de l'article 446, dont la sage disposit'on enlève au failli toute possibilité de favoriser quelques-uns de ses créanciers au préjudice des autres.

En appliquant cette règle à l'hypothèse présente, on décidera qu'*a forciori*, le jugement obtenu depuis la déclaration de faillite ne peut pas conférer une hypothèque au profit du créancier. Un tel droit se conçoit d'autant moins que le jugement, en pareil cas, a moins pour objet la condamnation du débiteur, que la reconnaissance du droit du créancier.

Cependant nous pensons que l'hypothèque existe et qu'elle doit produire son effet. Remarquons-le, le failli ne plaide pas seul; il peut même n'être pas dans l'instance. Ce sont ses créanciers qui, dans leur propre intérêt, contestent le titre de l'un d'eux. C'est contre eux que la demande est dirigée, en la personne de leurs syndics; contre eux que l'instance s'instruit; contre eux que le jugement est rendu. Ils doivent donc supporter les conséquences de ce jugement, et l'hypothèque est l'une de ces conséquences.

Cela est juste d'ailleurs : le créancier dont on a méconnu àtort les droits, ne peut pas être victime de la contestation. Les frais auxquels on l'a obligé augmentent notablement sa créance. Le contenter d'un simple dividende, c'est l'exposer à recevoir une somme inférieure à ses déboursés. Objectera-t-on qu'il sera payé de ses frais sur la masse active ? mais, d'abord, cela ne peut avoir lieu que s'il n'intervient pas de concordat; et, ensuite, c'est lui reconnaître un droit de préférence qu'il ne peut tenir que du jugement. Or, un jugement ne crée point de privilége ; il ne confère qu'une hypothèque.

Le créancier qui se trouve dans ce cas doit donc réfléchir avant de se décider à prendre part au vote sur le concordat.

54. Nous avons dit que la femme qui vote au concordat de son mari n'a pas pour cela renoncé à l'effet de son hypothèque légale. S'en suit-il que le créancier porteur de l'engagement solidaire du failli et de sa femme, et qui se prétend, par cela même, subrogé à l'hypothèque de celle-ci , puisse , s'il a personnellement concouru au traité , se prévaloir de cette hypothèque et prendre dans l'ordre le rang qui y occuperait la femme?

Cette difficulté a été soulevée , et est encore pendante, devant le tribunal civil de Niort, dans la faillite dont nous avons déjà parlé au n° 5 ci-dessus. Un ordre s'étant ouvert sur le prix des immeubles du failli, et la femme ne s'y présentant pas , un créancier chirographaire qui a voté le concordat, et porteur d'effets de commerce souscrits solidairement par le failli et sa femme , intervient et soutient qu'étant subrogé à l'hypothèque légale de la femme, par l'effet seul de son engagement solidaire, il a le droit

d'être colloqué au rang qui appartiendraïl à la femme,
si elle faisait valoir ses droits. Ses prétentions n'ont
pas été accueillies par le juge-commissaire, par la
raison, entre autres motifs, qu'ayant voté au concordat, il est réputé de plein droit avoir renoncé à
son hypothèque, en supposant que cette hypothèque
lui soit acquise (1).

A nos yeux cette raison n'est rien moins que
péremptoire. Tout créancier qui vote le concordat
est bien censé renoncer à une partie de ses droits personnels contre le failli et sur ses biens ; mais il n'est
pas pour cela déchu de ses droits contre les co-obligés du failli. Au contraire la loi les lui réserve formellement, comme on le voit dans les articles 542
et suivants. Si donc il arrive que le co-débiteur ait
lui-même des droits particuliers à exercer sur les
biens du failli, il le peut évidemment, nonobstant le
vote du créancier commun au concordat de son co-
obligé. Il serait par trop déraisonnable de prétendre
que ce vote a pu affecter son droit, alors surtout que
son propre vote ne pourrait pas lui être opposé. A
plus forte raison, son droit demeure entier, s'il n'a
pas co-opéré au concordat.

Comment donc concevoir que l'on puisse repousser de l'ordre le créancier de la femme, alors que la
femme elle-même y serait admise, si elle s'y présentait. On n'oserait certainement pas soutenir que le

(1) Elle est en effet contestée.

vote du créancier au concordat du mari élève une
fin de non-recevoir contre la collocation de la femme.
Ce vote ne peut donc pas rendre le créancier forclos
du droit de demander sa collocation, en sous-ordre,
sur les sommes allouées à la femme, sa débitrice.
Conséquemment il faut admettre que c'est le silence
ou l'inaction de la femme qui s'oppose à la demande
des créanciers. Mais alors que devient l'article 1166
du code civil, qui permet au créancier d'exercer les
droits de son débiteur? A quoi sert la disposition de
l'article 544 qui réserve au créancier son recours
contre les co-obligés du failli ?

Nous sentons bien que l'on peut répondre : Dès
que vous admettez la subrogation acquise au créancier, l'hypothèque n'appartient plus à la femme ;
elle est la chose du créancier. Donc celui-ci, par
son vote au concordat, renonce à son propre droit.

La subrogation ne dépouille pas la femme de son
hypothèque. Cette hypothèque a son origine dans la
loi. Elle est perpétuelle tant que dure le mariage,
en ce sens que, si elle s'éteint sur un objet, c'est pour
revivre sur un autre. Aussi est-elle inaliénable de
sa nature. La femme n'a pas même le droit d'en
consentir seule la réduction. Tout ce que la loi lui
permet, c'est de promettre à un tiers de ne pas s'en
prévaloir contre lui, ou de donner à son créancier le
droit de la faire valoir contre elle. Jamais elle ne
perd le droit de l'exercer par elle-même. C'est par

cette raison que la femme est toujours admise dans l'ordre qui s'ouvre sur le prix des biens de son mari, et que c'est sur les sommes qui lui sont allouées que sont colloqués ceux envers lesquels elle s'est obligée. Ainsi , la femme qui subroge un tiers dans son hypothèque légale , ne la transmet pas à ce tiers ; elle s'oblige seulement à la faire valoir au profit de ce tiers , ou à souffrir qu'il l'exerce en son lieu et place.

54 *bis*. Le vote du créancier n'emporte pas renonciation à l'hypothèque que lui a consenti la caution ou la femme du failli sur ses biens personnels. Ainsi l'a jugé la cour de Rennes, le 31 mars 1849 (1).

La cour de Poitiers s'est prononcée en sens contraire, par arrêt du 29 août 1850 (2). De sorte que le doute existe sur cette difficulté. Nous pensons que , hors le cas où la caution ou la femme du failli intervient dans le concordat et y fait des stipulations en sa faveur, la décision de la cour de Rennes est plus conforme aux principes qui ont dicté la disposition des articles 544 et 545.

55. Le cessionnaire, étant à la place du créancier dont il a acquis les droits, prend part à la délibération , et donne son vote au concordat, comme le mandataire le fait pour le mandant.

Quelquefois il arrive que le mandataire ou le ces-

(1) Dalloz , 49-2-157.
(2) Dalloz , 50-2-176.

sionnaire représente plusieurs créanciers. L'un ou l'autre peut-il donner sa voix pour chacun de ceux dont il exerce le droit?

Avant d'examiner cette question nous devons dire comment se forme la majorité requise pour que le concordat soit formé.

56. S'il fallait le consentement de tous les créanciers pour la formation du concordat, on parviendrait bien rarement à le conclure. Le créancier, qui voit s'échapper une partie notable de sa fortune, ou dont la confiance a été trahie, éprouve au fond du cœur un sentiment d'irritation ou de crainte qui le porte naturellement à se défier des promesses d'un débiteur dont la mauvaise administration ou l'infidélité peut dissiper ou faire disparaître ce qui lui reste de biens; défiance bien légitime qui l'autorise à refuser son consentement au traité et à faire ses efforts pour en empêcher la conclusion. D'autres néanmoins, ou plus confiants ou moins irrités, trouvent avantageuses les propositions du failli et désirent vivement qu'elles soient acceptées. La loi qui doit vouloir tout ce qui est juste, a compris que, dans une communauté d'intérêts divers, la volonté du plus grand nombre doit être suivie, et, faisant violence à quelques consentements, se plaçant au-dessus des règles ordinaires, elle sanctionne le vœu de la majorité.

Mais cette majorité, si elle se formait sans règle

et sans direction, pouvait devenir oppressive. Les créanciers de petites sommes sont ordinairement les plus nombreux ; il ne fallait pas qu'ils pussent imposer des sacrifices trop lourds aux créanciers de sommes considérables. Ceux-ci qui, presque toujours, sont des commerçants assez disposés à des sacrifices dont ils espèrent s'indemniser par de nouvelles relations avec le failli, eussent pu faire bon marché des intérêts des petits créanciers, si la majorité en somme eût dû l'emporter. Afin de prévenir l'un et l'autre abus, la loi a exigé, tout à la fois, la majorité en nombre et la majorité en sommes (art. 507).

La majorité en nombre, c'est la moitié plus un des créanciers chirographaires vérifiés et affirmés ou admis provisoirement, et de ceux des créanciers privilégiés ou hypothécaires qui prennent part à la délibération. Lainné (1) et Bédarride (2) ne l'entendent pas ainsi. Ils prétendent que la majorité des votants suffit, et, à l'appui de leur opinion, ils citent un arrêt de la cour de Caen du 2 février 1842, approuvé par Dalloz (3). Renouard (4) combat cette décision avec une autorité qui ne permet plus le doute.

La majorité en sommes se forme des trois quarts

(1) P. 212.
(2) Tome 2, n° 530.
(3) 44-2-196.
(4) Tome 2, p. 16 et 30.

du montant des créances affirmées ou admises provisoirement ou reconnues depuis la convocation ; en un mot, de toutes celles dont les titulaires prennent part, ou sont appelés à prendre part à la délibération.

57. Le mandataire qui représente plusieurs créanciers doit donner autant de voix qu'il a de mandats. En conférant ses pouvoirs à un tiers, le créancier n'abdique pas son droit ; il ne le transporte pas à son mandataire. Celui-ci n'a aucun intérêt personnel dans la délibération. Il suit son mandat, il se conforme aux instructions qu'il a reçues, et rien n'empêche, il arrive même que, lorsqu'il représente plusieurs créanciers, il accepte, pour l'un, ce qu'il refuse pour un autre.

Sans doute la réunion de plusieurs mandats dans une même main peut entraîner quelques abus. Un créancier qui veut dominer le concordat saura, par des manœuvres, obtenir plusieurs mandats, ou les procurer à une personne dont il dispose, ou bien le cessionnaire de plusieurs créances se présentera avec le simple titre de mandataire. Mais il sera bien rare qu'un juge-commissaire attentif ne s'aperçoive pas de l'une ou de l'autre intrigue, ou qu'il n'en soit pas averti. Ce sera pour le tribunal un motif de refuser l'homologation du concordat.

58. Le cessionnaire de plusieurs créances n'a, en effet, et ne peut avoir, selon nous, qu'une seule voix à donner.

Quelques auteurs prétendent qu'il y a des distinctions à faire.

Si les cessions ont été consenties avant l'ouverture de la faillite, le cessionnaire, quel que soit le nombre de ses créances, ne peut voter qu'une seule fois : on en convient généralement. On l'assimile à celui qui serait devenu créancier du failli à différentes époques et à différents titres.

Si les cessions ont eu lieu depuis l'ouverture de la faillite, le cessionnaire, selon la cour de Bordeaux (1), a autant de voix qu'il possède de créances. Cette doctrine a été repoussée et par les auteurs et par un arrêt de la cour de cassation, dont nous donnerons les motifs ci-après.

Enfin si les cessions sont postérieures à la vérification des créances, il existe, selon Renouard (2), de puissants motifs pour donner à chaque créancier une voix, et pour lui permettre de céder son droit à cette voix, avec sa créance. Il faut que le calcul des voix, ajoute-t-il, ait une base certaine et parte d'un point fixe. La supputation de la majorité ne doit pas flotter au gré des conventions particulières.

La vérification de la créance ne crée pas, elle conserve seulement le droit de voter. Ce droit est inhérent à la qualité de créancier ; il se perd avec cette qualité. S'il était attaché à la créance elle-

(1) Arrêt du 22 avril 1836, Sirey, 36-2-36.
(2) Tome 2, p. 16.

même , il existerait dès l'instant qu'elle a pris naissance, et il en serait inséparable à quelque époque que
ce fût. Conséquemment, chaque créance donnerait
droit à une voix ; celui qui aurait plusieurs titres serait autorisé à voter autant de fois qu'il aurait de
créances différentes. Or, on lui refuse ce droit, avec
raison, lorsque les titres lui appartiennent dès l'origine, ou lorsqu'il les acquiert avant la vérification
des créances. Donc, en principe, le droit de vote
est attaché à la qualité de créancier et non à la
créance elle-même.

La base et le point de départ du calcul des voix ne
manquent, ni de certitude ni de fixité, par cela seul
qu'on refuse plusieurs votes au cessionnaire ; par la
raison, toujours, que le calcul se fait sur le nombre
des créanciers, indépendamment du nombre des
créances. Et, loin que notre système laisse flotter la
majorité au gré des conventions particulières, il empêche, au contraire, que ces conventions ne la faus-
sent. On sait, et Renouard en convient, que c'est le
projet d'envahir la direction de la faillite, de se rendre maître du concordat, qui détermine certains
créanciers à acquérir plusieurs créances. La réunion
de ces créances sur une même tête pèse assez sur la
formation du concordat, pour qu'il ne soit pas dangereux de mettre dans le même plateau de la balance
un nombre de voix égal à leur nombre.

Au surplus , l'arrêt de la Cour de Cassation s'ap-

plique à l'opinion de Renouard, aussi bien qu'à la
décision de la cour de Bordeaux. En voici les motifs :

« Attendu que, s'il est de principe, consacré par
» l'article 1692 du Code Civil, que la cession ou le
» transport d'une créance comprenne tous les ac-
» cessoires de la créance cédée, et si l'on peut in-
» duire de cette disposition que celui qui acquiert,
» par la voie du transport, un nombre plus ou moins
» considérable de créances sur un débiteur failli ,
» soit , par l'effet de la cession , subrogé dans les
» droits qu'auraient eus chacuns des cédants d'assister
» à l'assemblée des créanciers, tenue en conformité
» de l'article 515 du Code de Commerce , d'y voter
» pour la formation du concordat, et même d'y con-
» courir, jusquà concurrence des créances cédées,
» à la composition des trois quarts en somme exi-
» gée par l'article 519 , on ne saurait en induire
» que, pour la formation de la majorité numérique,
» exigée par le même article, le cessionnaire puisse
» avoir un nombre de voix égal au nombre des
» cessions qui lui ont été faites; qu'en effet, le droit
» de voter dans une assemblée est un droit indivi-
» duel qui ne peut être exercé qu'une seule fois par
» le même individu, quel que soit le nombre des ti-
» tres qui lui confèrent le droit de l'exercer, et que,
» pour qu'il en soit autrement, il faudrait qu'il exis-
» tât dans la loi une disposition qui n'existe pas
» dans le Code de Commerce : attendu que la dis-

» tinction faite par l'arrêt attaqué entre les cessions
» faites avant l'ouverture de la faillite, et celles fai-
» tes postérieurement à cette ouverture , est une
» distinction arbitraire qui n'est également fondée
» sur aucune disposition de loi. La Cour, etc.» (1)

Le droit de voter est donc un droit individuel qui
ne peut s'exercer qu'une fois par la même personne,
quel que soit le nombre de ses titres. Il n'y a donc
dans la loi aucune disposition qui admette une distinction entre les cessions faites avant la faillite et
celles consenties depuis la vérification des créances.

58 *bis*. On tire de là cette conséquence que la
preuve de la cession est admissible contre le créancier
qui se présente à l'assemblée pour prendre part au
vote. (V. l'arrêt ci–dessus de la Cour de Cassation).

59. Il arrive souvent que la délibération est sans
résultat. Le vote constate ou deux majorités opposées, ou seulement l'une des deux majorités. La délibération alors est renvoyée à la huitaine pour tout
délai (art. 509).

Nous pensons, avec Bédarride (2), que cette disposition s'applique aussi au cas prévu dans l'art. 510,
c'est-à-dire, à la délibération sur le sursis au concordat, en cas de poursuites commencées contre le failli accusé de banqueroute.

60. En ne laissant pas au juge-commissaire le

(1) Arrêt du 25 mars 1840. Dalloz, 40-1-138.
(2) Tome 2, n° 554.

pouvoir arbitraire de fixer lui-même le jour où la délibération sera reprise, la loi infirme virtuellement la délibération arrêtée, soit avant, soit après l'expiration du délai qu'elle détermine. Elle a eu ses raisons , sans doute. Le juge aurait pu indiquer un jour, ou trop proche, ou trop éloigné de celui de la délibération. Trop proche, et il le serait avant la huitaine , les créanciers non présents eussent ignoré le jour de la seconde réunion ; trop éloigné, il laisserait trop de latitude à l'intrigue. Dans l'un et l'autre cas, des soupçons pouvaient s'élever contre le juge-commissaire, et les plaintes des créanciers eussent paru légitimes. Il est donc à croire que, dans l'intention de la loi, la délibération prise en dehors du terme fixé est nulle de plein droit.

Mais, dit-on (3), la loi ne prononce pas la nullité. Cela est vrai. Des événements de force majeure, des cas fortuits peuvent empêcher la réunion au jour déterminé. Serait-il juste, quand de tels événements se produisent, d'empêcher toute délibération ultérieure sur le concordat? Une nouvelle réunion est indispensable. Pourquoi enlever aux créanciers l'exercice d'un droit qu'ils n'ont pas dû perdre par un fait indépendant de toute volonté humaine? Aussi la loi ne laisse pas sa disposition sans sanction. D'une part elle donne au créancier le droit de former op-

(1) Voyez Bédarride, n° 547, Lainné, p. 218 et Renouard, tome 2, p. 32.

position au concordat, et, d'autre part, elle commande aux tribunaux de refuser d'office l'homologation, quand les formes ont été violées, comme nous le verrons dans l'article 515 (1).

L'homologation devrait être refusée, en effet, si le concordat avait été délibéré après la huitaine donnée par la loi : sauf au tribunal à l'accorder s'il lui était démontré que le retard a tenu uniquemment à des causes indépendantes du juge-commissaire. Nous reconnaissons que, dans ce cas, il doit y avoir exception à la règle. Mais aussi, ce n'est pas au juge-commissaire à fixer le jour de la délibération ; c'est au tribunal seul qu'il appartient de le déterminer, après avoir vérifié les causes qui ont empêché qu'elle n'eut lieu le jour fixé par la loi. Toutes les fois que la loi prescrit impérieusement une chose qui ne peut pas s'accomplir, sans la faute de ceux qu'elle en charge, c'est aux tribunaux à y pourvoir.

Il a été jugé, cependant, que le concordat fait après la huitaine est obligatoire pour le failli. (V. Dalloz, 40-2-13). Les créanciers seuls peuvent se prévaloir de l'inobservation des formalités prescrites par la loi.

61. Nécessairement, tous les créanciers qui ont le droit de voter au concordat, doivent être prévenus de cette réunion par des lettres missives et par des insertions dans les journaux. Doivent-ils l'être, éga-

(1) C. d. C. 6 août 1840. — Dalloz, 40-1-329.

lement de la seconde réunion fixée par la loi elle-
même ? Ceux qui sont présents à la délibération sont
avertis, suffisamment, par les paroles du juge qui,
en proclamant le résultat du vote, ajourne, nécessairement, à la huitaine. Mais, les absents ignorant si
la délibération a été définitive ou ajournée, ils doivent être convoqués de nouveau. La loi ne le dit
pas ; mais la raison le commande, la prudence l'exige.

62. Sous l'empire du Code de Commerce, avant
la nouvelle loi sur les faillites, s'élevait la sérieuse
difficulté de savoir si, lorsqu'une seconde délibération était devenue nécessaire, le vote de ceux qui
avaient adopté les propositions du failli était définitif; de sorte qu'il n'y avait plus à interpeller que
ceux qui les avaient refusées ou qui n'avaient pas
encore voté. Elle divisait les commentateurs. Nous
n'avons point à nous en occuper, parce qu'elle est
tranchée par l'art. 509 qui déclare sans effet les ré-
solutions prises et les adhésions données lors de la
première assemblée.

SECTION 4me.

De la signature du concordat.

63. Lorsque, soit dans la première, soit dans la
seconde délibération, le concordat est conclu, il doit
être signé séance tenante, à peine de nullité (même

article 509). Cette rigueur de la loi s'explique aisé-
ment. Une fois la double majorité en nombre et en
créances acquises aux offres du failli , le contrat est
formé. Le sort de ce contrat ne peut plus dépendre
de la mauvaise volonté ou de l'impuissance des dé-
libérants. C'est ce qui arriverait infailliblement, si
l'on en pouvait renvoyer la signature à un autre
jour. La majorité cesserait d'être, et, pour l'obtenir,
le failli aurait recours à des moyens, ou serait soumis
à des conditions que la loi ne pouvait pas reconnaître (1). Le concordat est d'ailleurs un contrat solennel qui perdrait de son autorité s'il n'était pas signé
en présence du juge, témoin légal de la liberté du
consentement de tous ceux qui le souscrivent.

Des mots : *séance tenante*, il ne faut pas conclure,
dit Renouard (2), qu'on ne puisse pas consacrer
plusieurs séances à l'examen et à la discussion qui
précèdent le concordat. L'article veut dire seulement
que les signatures doivent être données à la séance
même où la proposition du concordat est définitivement arrêtée. C'est bien ainsi que nous l'entendons;
mais avec cette restriction que les séances auront

(1) Regnault de Saint-Jean-d'Angély, notre illustre compatriote, a dit au Conseil d'Etat : « Il importe que l'on
» ne puisse pas colporter les concordats sur lesquels on
» obtient des signatures par faiblesse, par séduction, par
» corruption. »
(2) Tome 2, p. 29.

lieu le même jour ; car, il n'appartient pas au juge-commissaire de les proroger au lendemain.

64. Le concordat ne serait pas nul par cela seul que quelques signatures y seraient apposées après la clôture, si ces signatures n'étaient pas nécessaires pour former la majorité requise, et ne faisaient que constater l'adhésion de quelques créanciers absents lors du vote.

CHAPITRE II.

DES OPPOSITIONS AU CONCORDAT.

65. La majorité qui signe le concordat est quelques fois soumise à des influences qu'elle ne sent point, séduite par des promesses trompeuses, viciée par la corruption de quelques-uns de ses membres. Quelques fois aussi, dominée par le sentiment de sa force, elle sacrifie, sans ménagement, les intérêts du plus petit nombre, ou elle s'affranchit des règles tracées par la loi. Ce sont là autant de considérations qui rendent nécessaire le contrôle d'une autorité équitable et vigilante, avant que le traité reçoive son exécution. Ce contrôle s'exercera toujours par le tribunal de commerce qui a connu de la faillite. On conçoit que ceux qui souffrent de ce traité puissent éveiller l'attention des magistrats et leur demander la réparation de leurs griefs. De là le droit d'oppo-

sition au concordat, accordé par l'article 512.

Cet article fixe le moment où l'opposition peut être formée, indique les personnes qui en ont le droit , détermine le délai dans lequel elle est recevable et ordonne qu'elle soit motivée. Nous en ferons l'objet d'autant de sections.

Section 1re.

Quand l'opposition au concordat peut être formée.

66. En général , toute action est ouverte dès l'instant que l'intérêt de la partie est né , que son droit est acquis. Or , on ne peut pas le méconnaître ; du jour où les créanciers d'une faillite sont convoqués pour délibérer sur le concordat , existent pour chaque créancier appelé à l'assemblée , et l'intérêt et le droit de former opposition à un traité qui pourra les obliger malgré eux. Cependant l'article 512 semble ne permettre l'opposition qu'après la signature du concordat. Peut-être le législateur a-t-il pensé qu'il n'était pas utile d'autoriser une opposition que le résultat de la délibération des créanciers pouvait rendre inutile. Sans aucun doute, en effet, le rejet du concordat ferait tomber toutes les oppositions antérieures, non jugées.

Mais est-ce bien là la volonté réelle de la loi ? Notre raison répugne à le croire. Il est plus digne de la sagesse du législateur de permettre ce qui peut prévenir un acte scandaleux, répréhensible, annulable, que de le laisser s'accomplir, pour autoriser ce qui doit ensuite le briser. Aussi l'article 512 nous paraît-il rédigé, bien plutôt dans le but de fixer le terme après lequel s'éteint le droit d'opposition, que dans celui de déterminer l'époque avant laquelle il ne peut pas s'exercer. Si le terme, si la limite de l'action se prolonge au-delà de la clôture du concordat, c'est par la raison que la loi n'a pas voulu priver de son droit d'opposition le créancier dont le titre, d'abord contesté, serait ensuite reconnu ; comme aussi pour donner au créancier trompé, abusé, circonvenu, opprimé, le moyen de revenir contre son vote.

Du reste, l'article ne déclare pas irrecevable l'opposition formée avant le concordat. Il faudrait donc créer une fin de non-recevoir par induction, ce que nous ne croyons pas possible. Tout ce que l'on peut conclure de la disposition de la loi, c'est que, si l'opposition qui précède le concordat n'est pas jugée avant la délibération, elle ne fera pas obstacle à cette délibération ; mais aussi l'admission du concordat ne la rendra pas non recevable, à moins que l'opposant n'ait voté et signé le traité. Il y aurait une sorte de contradiction à rejeter purement et simplement l'acte d'un créancier qui n'a pas laissé périmer son droit, pour l'accueillir, s'il le renouvelle quelques jours plus tard.

Nous disons donc : L'opposition peut intervenir tout·aussi bien avant qu'après le concordat. *Avant*, parce qu'elle est l'exercice d'un droit acquis, qu'elle ne nuit à personne, qu'elle ne blesse aucun intérêt, qu'elle n'entrave aucun des actes de la faillite. *Après*, par la raison que tout créancier qui y a intérêt peut attaquer le concordat, s'il a de légitimes motifs pour cela.

Aucune autorité, nous l'avouons, ne fortifie notre opinion. Cependant les auteurs prévoient l'opposition au concordat dans le sein même de l'assemblée, et ils disent que, bien que la majorité n'ait pas cru devoir s'y arrêter, ce n'est pas une raison pour ne pas la porter devant le tribunal, qui en apprécie les motifs et l'admet s'il y a lieu. C'est bien là le droit à l'opposition antérieurement au concordat. Pourquoi donc l'exercice de ce droit, par voie d'action devant le tribunal, serait-il suspendu jusqu'après la formation du concordat?

Section 2ᵐᵉ.

Des créanciers qui peuvent former opposition au concordat.

67. Selon l'article 512, tout créancier ayant eu le droit de concourir au concordat, ou dont les droits auront été reconnus depuis, peut y former opposition.

7

En ce qui concerne les créanciers ayant droit de voter, il semble que nous n'ayons rien à ajouter à ce que nous avons dit dans la section 3 du chapitre 1er. Cependant quelques difficultés se présentent.

68. Les créanciers hypothécaires ou privilégiés qui n'ont pas voté le concordat, peuvent-ils y former opposition, en déclarant qu'ils renoncent à leur privilége ou à leur hypothèque? Renouard (1) et Bédarride (2) répondent *oui*, par la raison qu'on peut les assimiler aux créanciers dont les droits ont été reconnus depuis le concordat.

Cette opinion ne nous paraît pas bien sûre. L'article 512 n'accorde le droit d'opposition qu'aux *créanciers ayant eu le droit de voter*, et à ceux dont les droits ont été *reconnus* pendant ou depuis la délibération sur le concordat. Or les hypothécaires et les privilégiés n'ont pas eu le droit de voter. Il ne peut pas dépendre d'eux d'agir à leur volonté sur le concordat, et de faire annuler un contrat auquel ils ont refusé de prendre part. Leur adjonction à la masse chirographaire en changerait, ou pourrait en changer la majorité, et cela seul suffirait pour annuler un traité d'ailleurs valable sous tous les autres rapports. Les assimiler aux créanciers dont les droits sont postérieurement reconnus, c'est méconnaître l'in—

(1) Tome 2, p. 44.
(2) Tome 2 . n° 568.

tention de la loi qui a trouvé juste d'accorder l'opposition à ceux dont les titres ont été injustement méconnus, et non à ceux que leur titre même excluait de la masse chirographaire. Autre chose est d'avoir été privé de l'exercice de son droit par une mauvaise contestation ; autre chose de conserver un droit acquis pour y renoncer ensuite au gré de son caprice ou de son intérêt.

Il serait d'autant plus dangereux de consacrer l'opinion de ces deux estimables auteurs, que, dans leur système, le droit d'opposition appartiendrait au cessionnaire d'un créancier hypothécaire, et que le cessionnaire pourrait être un créancier chirographaire qui trouverait, dans son nouveau titre, le moyen ou le prétexte d'attaquer un traité favorable au plus grand nombre. Il n'en faut pas douter ; c'est ce qui arriverait le plus ordinairement.

Demandera-t-on quel serait, en suivant notre sentiment, le sort du créancier hypothécaire qui, après le concordat, voudrait renoncer à son hypothèque? La réponse est facile : Il serait lié par le concordat, et il aurait droit au même dividende que le chirographaire. Le failli, lui, n'a ni droit ni intérêt à critiquer la renonciation à l'hypothèque.

69. Une autre hypothèse se présente, et celle-ci n'est pas prévue par Renouard, mais par Bédarridde (1) et Lainné (2). L'ordre sur le prix des im-

(1) Tome 2, n° 569. — (2) P. 229.

meubles s'est ouvert et a été clos au moment même de l'acceptation du concordat. Le créancier hypothécaire, qui n'a rien touché dans l'ordre, peut-il faire opposition au concordat? Oui, répondent ces deux auteurs, parce que, dans ce cas, il est assimilé aux simples créanciers chirographaires.

Sans doute il est considéré comme un créancier chirographaire par l'article 556 ; mais aussi cet article ajoute qu'il est soumis, comme tel, aux effets du concordat. Donc, si le concordat intervient avant que le créancier hypothécaire, non-colloqué sur le prix des immeubles, ait renoncé à son hypothèque, ait usé de son droit de concourir à cet acte, il est obligé de s'y conformer absolument et de la même manière que le créancier qui ne vote pas.

70. A nos yeux, la seule difficulté qui puisse surgir de la disposition de l'article 556 est celle de savoir si le concordat lie le créancier hypothécaire, à ce point qu'il ne puisse plus exercer son hypothèque sur les immeubles qui adviennent postérieurement au failli.

Aucun auteur, du moins de ceux que nous connaissons, n'a examiné cette question. La difficulté est grave cependant.

D'un côté, l'on peut dire : Soumis à tous les effets du concordat, le créancier hypothécaire doit en subir toutes les conséquences. *Devenu* simple créancier chirographaire, il exerce sans doute les droits attachés à cette qualité , mais sous la condition implicite qu'il ne pourra exiger du failli rien au-delà de ce que celui-ci a promis à tous. Lui laisser l'exercice de son hypothèque pour l'excédant de sa créance sur le dividende qu'il reçoit , ce serait lui faire une position exceptionnelle , ce serait rompre l'égalité qui doit régner entre les créanciers chirographaires. Son droit est changé; son hypothèque reste sans effet, ou n'ayant produit qu'un effet partiel sur les immeubles qu'elle frappait , elle s'est éteinte pour le tout ; elle ne peut plus revivre qu'en vertu d'une disposition de la loi. Cette disposition , on la cherche vainement ; elle n'existe nulle part.

D'un autre côté , on peut répondre : Les droits hypothécaires ne sauraient être atteints par le concordat , lorsque le créancier n'a pas pris part à ce traité. Si son vote lui fait perdre son hypothèque , c'est parce que la loi , qui fait la part des chirographaires et des hypothécaires , ne veut pas que ceux-ci puissent , par une double action sur les biens du failli , se créer le moyen de s'en approprier la valeur , au moins pour la plus grande partie , au préjudice de ceux-là. Aussi a-t-elle eu le soin de s'exprimer de manière à ce que l'on ne se méprit point sur son intention. Que l'on prenne la peine de lire les articles 552 et 556 , et l'on verra qu'elle n'a voulu ni changer ni éteindre le titre des créanciers hypothécaires non remplis sur le prix des immeubles. Dans le premier de ces articles, où elle suppose les créanciers en état d'union , elle conserve expressément aux hypothécaires leur qualité d'hypothécaires , tout en les appelant à concourir sur les deniers mobiliers avec les simples chirographaires. Dans le second , où elle suppose un concordat, elle *considère* le créancier hypothécaire comme chirographaire pour le soumettre aux effets du concordat.

Considérer, dans ce cas, le créancier hypothécaire comme chirographaire ; l'appeler, dans l'autre , à *concourir* avec les chirographaires , ce n'est pas dire qu'il *devient* purement et simplement créancier chirographaire. Elle a bien senti, la loi, que le concordat, pas plus que l'union, n'a la puissance de changer la nature des créances , nonobstant la volonté contraire du créancier. Aussi , respecte-t-elle le titre , conserve-t-elle le droit ; seulement elle règle la manière de procéder dans deux cas exceptionnels qu'elle devait prévoir pour éviter des conflits.

Il ne faut pas l'oublier, tous les biens meubles et immeubles d'un débiteur sont le gage de tous et de chacun de ses créanciers, quelque soit la nature de leur titres. Si le titre hypothécaire donne un droit de préférence sur le prix des immeubles qu'il affecte , il n'exclut ni le droit ni l'action du créancier sur les autres immeubles et sur les biens mobiliers. Si le titre chirographaire ne confère aucun privilége , il n'empêche pour cela le droit et l'action ni sur le prix

des immeubles, ni sur le prix de tout le mobilier.
Quand donc, dans une faillite, la créance hypothécaire ou privilégiée n'est pas remplie par le prix des
biens sur lequel elle s'exerce, elle agit sur le prix
des autres biens de la même manière que la créance chirographaire agit sur le prix des immeubles,
après le paiement des créances préférées, sans que,
dans l'un ni l'autre cas, il y ait changement dans la
nature du titre. On voit par là que le système de la
loi repose sur les principes ordinaires du droit, et
qu'elle n'a eu d'autre but que de prévenir l'abus que
l'on aurait pu faire de celle de ces dispositions par
laquelle elle refuse aux créanciers, qui ne renoncent
pas à leur droit de préférence, toute participation à
la formation du concordat.

Tel nous paraît être le véritable sens de l'art. 556.
Il oblige le créancier hypothécaire et le failli à se
conformer au concordat, en leur défendant implicitement d'y déroger par des conventions particulières.
Sa disposition, assurément, n'a pas l'effet de restreindre aux biens sur lesquels elles viennent de
s'exercer les hypothèques qui, par leur nature ou
par la convention, atteignent les biens que le failli
pourra acquérir dans la suite.

Conséquemment, en demandant un dividende égal
au dividende promis aux autres créanciers, le créancier hypothécaire non rempli n'est point obligé de
renoncer aux effets de son hypothèque sur les biens

à venir ; à plus forte raison, n'est-il pas réputé y avoir renoncé. Le droit de préférence subsiste tant qu'il y a ou peut y avoir matière à l'exercer, et que le créancier n'est pas rempli de ses dividendes. Les autres créanciers n'ont pas à s'en plaindre, puisque l'hypothèque leur était connue lorsqu'ils ont traité avec le failli.

70. Les créanciers qui ont signé le concordat peuvent, comme les non-signataires, y former opposition : l'article 512 ne distingue pas. Boulay-Paty (1) est le seul qui fasse une distinction. Il dit que l'opposition du créancier signataire n'est recevable que si elle est motivée sur le dol et la fraude, et non sur des irrégularités et des nullités que l'opposant est censé avoir connues. Cet auteur a évidemment confondu la non-recevabilité de l'opposition en elle-même, avec l'inadmissibilité des motifs sur lesquels elle est fondée. Nous verrons, ci-après, qu'en effet il est des cas où tels motifs donnés à l'opposition peuvent ne pas être admissibles : mais il demeure pour constant que l'adoption du concordat n'est pas, par elle-même, une fin de non-recevoir contre l'opposition.

71. La caution peut faire opposition au concordat lorsqu'elle a désintéressé complètement le créancier, ou lorsqu'elle a été admise au passif à raison des

(1) Des faillites, n° 272.

à-comptes qu'elle aurait payés avant l'ouverture de la faillite.

Il en est de même des co-obligés.

72. Quand au créancier dont les droits ont été reconnus depuis, son droit à l'opposition est ouvert du jour qu'il est admis à la faillite, pourvu qu'il la forme en temps utile.

Le droit d'un créancier peut ne pas être reconnu soit parce que sa créance a été contestée ou rejetée d'abord pour le tout, soit parce qu'il ne s'est pas présenté pour la faire vérifier ou pour l'affirmer.

Bédarride (1) enseigne que celui qui se présente, dans le délai de l'article 512, pour faire vérifier sa créance, est reçu à faire opposition au concordat, avant l'expiration de ce délai, quoique son admission ne soit pas prononcée, ou quand même sa créance serait contestée. Cette doctrine est contraire au texte comme à l'esprit de la loi. Il faut que le droit soit reconnu pour que l'opposition soit recevable. Il n'était pas possible de laisser longtemps en suspend le sort du concordat. Nous verrons, dans un instant, que tous les termes de la loi annoncent la volonté où elle est qu'il soit statué dans le plus bref délai possible et sur l'opposition et sur l'homologation. Du reste, le créancier en retard a d'autant moins à se plaindre, qu'en définitive, si son droit est reconnu, il partage le sort des autres créanciers

(1) Tome 2, n° 566.

à qui son opposition ne pourrait être que nuisible.

73. Le créancier admis provisoirement à la faillite a eu le droit de voter au concordat; conséquemment il peut y faire opposition, à moins que, depuis, sa créance n'ait été rejetée pour le tout.

74. L'héritier d'un créancier ou son légataire est recevable à faire opposition pour les mêmes causes que son auteur.

Quid du créancier du créancier? en d'autres termes, le droit de s'opposer au concordat est-il un droit qu'un créancier puisse exercer au lieu et place de son débiteur?

On sait que l'article 1126 du code civil accorde à tout créancier le droit d'exercer celles des actions de son débiteur qui ne lui sont pas *pures personnelles*. Il s'agit donc de savoir si l'action en opposition au concordat est pure personnelle au créancier de la faillite. Nous le pensons.

Admettre les tiers dans une faillite, ce serait y introduire les éléments de discussions sans fin et qui en entraveraient continuellement la marche. Si un créancier refusait le concordat, son créancier pourrait demander à l'accepter. Si tel autre renonçait à son hypothèque pour voter le concordat, son créancier viendrait demander la nullité de sa renonciation, comme faite en fraude de ses droits. Si celui-ci n'affirmait pas sa créance, son créancier voudrait l'affirmer à sa place. Si celui-là négligeait d'arguer d'une nullité, son créancier prétendrait au droit d'en arguer en son nom. Toutes ces prétentions jetteraient le désordre dans la faillite : on ne pourrait rien conclure. Le danger serait d'autant plus grand qu'un créancier opposé au concordat trouverait toujours quelque créancier d'un autre créancier dont il saurait provoquer l'action.

Il est aisé de voir d'ailleurs que, dans une faillite, tout est personnel, le droit et l'action. Autrement la loi eût prévu l'intervention des tiers, et l'aurait réglée. Il n'est pas permis de supposer qu'elle n'y a pas songé, ou qu'elle a voulu laisser, à cet égard, subsister les règles du droit commun. Le soin qu'elle a pris de déterminer tous les actes de la faillite, d'en indiquer les formes, d'en fixer les délais et les conditions, l'absolvent complètement de ce reproche.

Section 3me.

Du délai de l'opposition et de sa forme.

75. En matière de concordat, tout est en quelque sorte d'urgence, tout se doit faire dans le plus bref délai. En ce qui concerne l'opposition, la loi n'accorde, pour la former, que les huit jours qui suivent la signature du concordat. Ce délai est de rigueur ; dès qu'il est expiré, le droit d'opposition n'existe plus, même pour les créanciers dont les droits ne sont reconnus que postérieurement au

concordat, même pour les mineurs et pour les femmes mariées, sauf leur recours contre leurs tuteurs ou leurs maris, s'il y a lieu.

76. Cependant les auteurs prétendent (1), et, selon eux, un arrêt de la cour de cassation (2) a jugé que le créancier, qui découvre des faits de dol et de fraude après le huitième jour et avant le jugement d'homologation, est recevable à former opposition au concordat. Si cette opposition, disent-ils, était non-recevable, le dol et la fraude resteraient impunis, puisque l'action en nullité n'est autorisée que lorsque les faits seront découverts après le jugement d'homologation.

La loi est trop formelle pour que, même dans le cas prévu, l'opposition au concordat ou la demande en nullité soit recevable. Le texte des articles 512 et 518 ne permet pas le doute sur ce point, et la cour de cassation qui juge une question régie par l'ancien code de commerce, est loin de confirmer l'opinion des auteurs ci-dessus cités. Il suffit de rappeler l'un des considérants de son arrêt pour s'en convaincre.

« Considérant en droit qu'aux termes de l'article
» 523 du code de commerce, le créancier qui veut
» se pourvoir contre le concordat est tenu de le faire

(1) Renouard, tome 3, p. 46. — Lainné, p. 230. — V. Pardessus, tome 4, p. 473.

(2) Arrêt du 27 mars 1838. Dalloz, 38-1-207.

» dans le délai huitaine, à moins qu'il ne soit atta-
» qué pour cause de dol et de fraude ; que les
» moyens de dol et de fraude ont été repoussés par
» l'arrêt attaqué. »

Ces expressions *à moins qu'il ne soit attaqué*, etc.,
ne s'appliquent point à une opposition antérieure au
jugement d'homologation, mais à la demande en
nullité pour cause de dol et de fraude. Cela est tellement vrai que, dans l'espèce de l'arrêt, la demande
était postérieure de plusieurs années à l'homologation du concordat.

Est-ce à dire pour cela que, dans l'espèce prévue par Renouard et Lainné, le dol ne sera pas ré-
primé, s'il existe? Non, certainement. Le créancier
peut faire opposition à l'homologation du concordat.
On objectera peut-être que l'on ne trouve, ni dans
le texte de l'ancien Code, ni dans le nouveau, aucune disposition qui autorise cette sorte d'opposition.
Nous répondrons que la loi ne la défend pas, et que
cela suffit. Il est de règle que , toutes les fois qu'un
acte a besoin, pour produire ses effets, de l'homologation d'un tribunal, la partie, qui y a intérêt, est admise à présenter les motifs qui s'opposent à ce que
l'homologation soit accordée. Pourquoi en serait-il
autrement en matière de concordat? Cette voie peut
être utile ; elle ne présente aucun inconvénient ; elle
est dans l'ordre des choses ; elle ne nuit à aucun intérêt. Les tribunaux doivent l'accueillir avec faveur

puisqu'elle tend à les éclairer sur le mérite du concordat.

Sans doute , il peut arriver que l'homologation
soit prononcée le lendemain même de l'expiration de
la huitaine ; mais , alors, l'action en nullité sera ouverte, puisque l'on suppose que les faits de dol ne
sont révélés qu'après le délai fixé par l'article 512.
Que si l'on veut admettre que la découverte a eu lieu
le jour même de l'homologation, elle sera réputée,
néanmoins, postérieure au jugement, sans qu'il soit
besoin d'une preuve pour constater l'antériorité de
l'homologation. Il suffit de la certitude que le créancier n'a pas eu connaissance des faits avant le jour
de la prononciation du jugement.

Enfin, il peut arriver, qu'entre le moment de la
découverte du dol et le jour de la prononciation du
jugement d'homologation , l'intervalle soit si court
que le créancier n'ait pas eût le temps d'agir. Dans ce
cas, toute opposition, il est vrai, toute action en nullité devient impossible ; mais il y a encore un moyen
de faire annuler le concordat , c'est la poursuite en
banqueroute frauduleuse.

77. Il n'est pas inutile de remarquer que le délai
de huit jours , accordé pour former opposition , ne
s'augmente pas à raison des distances. Cela tient à
ce que la loi répute les créanciers suffisamment
avertis par leur concours à la délibération , ou , s'il
n'y sont pas présents, par les lettres de convocation

et les insertions qui leur font connaître le jour de la réunion.

78. Le failli est sur le point de rentrer dans la pleinitude de ses droits, et les créanciers sont encore représentés par les syndics. C'est donc aux syndics et aux failli, tout à la fois, que l'opposition doit être notifiée, dans les huit jours du concordat, à peine de nullité.

S'il n'y a qu'un syndic, et qu'il veuille faire opposition, il est obligé de faire nommer un autre syndic à qui son opposition est notifiée. Ainsi le veut l'art. 512, dont la disposition fait cesser la controverse qui s'était élevée sur ce point, sous l'empire de l'ancien Code, et donne lieu à une autre difficulté assez sérieuse.

79. L'opposition du syndic doit, comme toute autre, être signifiée dans la huitaine du concordat, à peine de nullité. La loi ne fait d'exception pour aucun cas. Cependant, il peut arriver que, par le fait du tribunal qui, seul, a le droit de nommer le nouveau syndic (1), et sans la faute du syndic en fonction, cette nomination ne soit pas faite dans la huitaine. Cette circonstance enlève-t-elle au syndic son droit d'opposition ? La déchéance serait bien rigoureuse ; car enfin, dit Renouard (2), à l'impossible, nul n'est tenu.

(1) Articles 462 et 464.
(2) Tome 2, p. 45.

Les assemblées de créanciers ayant toujours lieu dans l'intervalle d'une audience à l'autre, il sera rare que le tribunal ne puisse pas désigner le nouveau syndic assez à temps pour que l'opposition se fasse dans le délai prescrit. Mais, comme cela peut, néanmoins, avoir lieu, nous pensons que l'opposition doit nécessairement se manifester dans la huitaine, et qu'elle doit être signifiée au failli avec déclaration qu'elle sera poursuivie à l'audience qui suivra la nomination du nouveau syndic à qui elle sera dénoncée, avec assignation à la même audience. Cette procédure est indiquée par Renouard qui a le tort, ce nous semble, de n'en faire qu'une simple faculté pour le syndic. Le failli n'est pas absolument incapable de défendre à l'opposition, car il a intérêt à soutenir le concordat, et toujours il est appelé dans l'instance. L'opposition qui lui est notifiée n'est donc pas nulle; seulement elle serait annulable si elle n'était pas dénoncée au nouveau syndic dans le plus bref délai possible. Il est aisé de voir d'ailleurs, dans les termes de l'art. 512, que la peine de nullité est plus spécialement attachée à la violation du délai fixé, qu'au défaut de notification à l'une des personnes indiquées.

La même marche devrait être suivie par le créancier, si le syndic décédait dans la huitaine.

80. S'il y a plusieurs syndics, et que l'un d'eux seulement veuille faire opposition, il n'est pas besoin

de le remplacer. Son opposition signifiée, dans le délai, aux autres syndics et au failli sera valable. Nous ne croyons pas, du moins, que cela puisse faire difficulté. Les créanciers sont représentés ; le vœu de la loi est rempli.

81. Mais, est-ce en sa qualité de syndic ou en sa qualité de créancier que le syndic peut faire opposition ? En d'autres termes, le syndic, qui ne serait pas créancier, est-il recevable à former opposition au concordat ? Les auteurs ne s'en expliquent point. Peut-être ont-ils pensé qu'il est oiseux de faire observer que le syndic doit être créancier pour être admis à l'exercice de ce droit, parce que le défaut d'intérêt crée toujours une fin de non-recevoir insurmontable. Cependant, cette expression de la loi : *s'il n'a été nommé qu'un syndic* et *qu'il veuille se rendre opposant*, semble s'appliquer au syndic, abstraction faite de sa qualité de créancier. Et quand on sait que, pour soulever des discussions et engager un procès, il est des esprits toujours prêts à se contenter de l'apparence, ou à généraliser les termes dont se sert la loi, lorsqu'elle ne prend pas le soin d'en restreindre le sens, il ne doit pas être inutile de fixer la véritable portée de l'article 512 sur le point qui nous occupe. Il y a même ici une sorte de nécessité de l'expliquer ; car il laisse du doute sur l'intention qui l'a dicté, puisque les syndics agissent généralement dans l'intérêt des créanciers, indépendamment de leur propre inté-

rêt, toutes les fois que la loi leur permet ou leur prescrit certains actes. Or , pourrait-on dire , en permettant l'opposition des syndics au concordat, la loi a eu en vue l'intérêt de la minorité que les syndicsdoivent défendre contre une majorité oppressive ou achetée ; et c'est pour éviter de trop nombreuses oppositions qu'elle laisse aux syndics le droit d'agir.

Il convient donc de remarquer que ces mots : *si le syndic veut se rendre opposant*, se réfèrent évidemment à ceux-ci du même article : *tous les créanciers ayant eu le droit de voter* ; ce qui signifie bien que le syndic ne peut se rendre opposant que tout autant qu'il aura pris part à la délibération sur le concordat en sa qualité de créancier, qualité nécessaire et pour voter au concordat et pour y former opposition.

82. Les huit jours accordés pour former opposition ne comprennent pas le jour du concordat. Ce sont les jours qui suivent, dit l'article 512. Mais si le huitième jour est un jour férié , l'opposition faite le lendemain ne serait plus recevable. La loi n'a point voulu accorder le neuvième jour en ce cas, autrement elle s'en serait expliquée.

83. L'opposition se fait sous forme de requête , avec assignation à la première audience du tribunal de commerce (art. 512).

Ainsi, le tribunal de commerce du lieu où la faillite s'est ouverte est le seul qui puisse connaître des opposisions au concordat. Portées devant tout autre tribunal de commerce ou devant le tribunal civil elles seraient nulles et sans effet. C'est une innovation aux dispositions de l'ancien Code de Commerce qui voulait que l'opposition fut portée devant le tribunal civil, lorsqu'elle était motivée sur des actes qui étaient de la compétence de ce tribunal. La loi nouvelle prévoit, néanmoins, que le jugement sur l'opposition peut dépendre de la solution de questions étrangères à la compétence du tribunal de commerce ; et elle ordonne à ce tribunal de surseoir à prononcer jusqu'après la décision de ces questions. Nous reviendrons sur ce sujet important ; il nous suffit de constater ici la compétence exclusive des tribunaux de commerce en matière d'opposition au concordat.

84. L'assignation à la première audience qui suit l'opposition est rigoureusement obligatoire. Nous l'avons déjà remarqué, en cette matière la loi veut la plus grande célérité. Faut-il en conclure, cependant, qu'elle est valable l'assignation donnée à comparaître le lendemain de sa date? Le 7 juillet 1840 (1), la cour de Paris à jugé qu'une telle assignation est nulle, par la raison que l'article 416 du Code de procédure civile exige un délai d'un jour, au moins, entre l'assignation et le jour de la comparution. Renouard (2) approuve cette décision pour concilier

(1) Dalloz, 40-2-224.
(2) Tome 2 , p. 44.

l'intérêt de la défense avec la célérité prescrite par la loi.

L'article du Code de procédure règle les cas ordinaires ; il n'est point applicable à une matière gouvernée tout entière par des règles exceptionnelles du droit commun. Il nous paraît difficile d'annuler une assignation conforme aux prescriptions textuelles de la loi.

Dans l'espèce, l'intérêt de la défense n'est point compromis. La loi n'est ni absurde ni injuste. Elle ordonne l'assignation à la première audience, sans se préoccuper des délais, parce que cette assignation s'adresse aux syndics et au failli qui sont sur les lieux , qui peuvent comparaître aussitôt l'ajournement, et qui, dans la plupart des cas , sont prêts à répondre à l'opposition. S'il arrive que la défense ait besoin d'un délai, le tribunal, qui n'est pas obligé de statuer à la première audience, ne le refusera pas ; mais il le fixera. Le but de la loi est sensible. Pour éviter que , par de mauvaises chicanes , on retarde indéfiniment l'homologation du concordat , elle ne laisse pas à l'opposant le choix de l'audience ; mais elle n'enlève pas au tribunal la faculté d'accorder aux syndics et au failli le délai nécessaire pour se présenter, ou pour préparer les moyens de repousser une demande injuste.

Section 4ᵐᵉ.

Des motifs de l'opposition.

85. L'article 512 veut enfin que l'opposition soit motivée, c'est-à-dire, qu'elle énonce les causes sur lesquelles l'opposant fonde la nullité du concordat. Cela est indispensable pour que les syndics et le failli se mettent en mesure de repousser son action, et pour que le tribunal puisse l'apprécier.

Toutefois, l'opposition ne serait pas nulle pour défaut de motifs, si les motifs sont énoncés dans le procès-verbal du juge-commissaire, auquel l'acte d'opposition se réfère. Les défendeurs ne peuvent pas prétendre qu'ils ignorent les causes d'une opposition manifestée en pleine assemblée, et que le juge-commissaire a recueillies. La cour de Caen (1) l'a ainsi jugé, et nous croyons, avec Renouard (2), que sa décision doit être suivie.

86. Bédarride (3) enseigne que l'opposant ne doit pas être admis à faire valoir d'autres moyens que ceux explicitement énoncés dans sa requête. Cette conséquence d'un principe salutaire ne serait-

(1) Arrêt du 20 février 1822. — Dalloz, Dict. Jur. V. *Faillites.*

(2) Tome 2, p. 43. Lainné, p. 231, est d'avis contraire.

(3) Tome 2, n° 569.

elle pas trop rigoureuse? Chargé d'homologuer le concordat, le tribunal ne doit rien repousser de ce qui peut l'éclairer, comme il ne doit rien admettre de ce qui tendrait uniquement à retarder l'homologation. Il lui appartient donc d'apprécier ce que les nouveaux motifs ont de sérieux ou de vague, et d'admettre ou non l'opposant à les faire valoir. Dès que l'opposition est valable dans la forme, il serait déraisonnable de ne pas vérifier des faits de telle nature que si, en l'absence de toute opposition, ils étaient connus du tribunal, ils le décideraient à refuser l'homologation.

Un arrêt de rejet du 21 novembre 1840 (1), décide que l'exception de dol n'est pas une demande nouvelle, mais un moyen nouveau recevable à l'appui de l'appel. Pourquoi ne serait-il pas recevable sur l'opposition au concordat?

87. Mais quels sont les motifs qui peuvent servir de fondement à une opposition au concordat?

Il est hors de doute que chaque créancier puisse se prévaloir de l'omission de l'une ou de plusieurs des formalités qui doivent précéder le concordat et que nous avons détaillées ci-dessus. La nullité qui résulte de cette omission ne se couvre point par le vote au concordat. Boulay-Paty est le seul qui ait pensé le contraire ; mais il commentait l'ancien Code

(1) Dalloz, 44-1-73.

qui ne contenait point la disposition écrite dans l'article 515 de la loi actuelle.

88. L'admission d'un cessionnaire à voter autant de fois qu'il a de créances, est une cause suffisante d'opposition, puisque, comme nous l'avons exposé, elle peut entraîner la nullité du concordat. Mais cette nullité peut-elle être demandée par celui des créanciers qui aurait consenti à ce que le cessionnaire exprimât plusieurs votes ? Nous ne le pensons pas. Cette nullité n'est point d'ordre public; elle peut se couvrir par le silence des créanciers ; à plus forte raison par leur consentement formel à ce qui s'est fait. Il ne faut pas leur laisser la faculté de se jouer de leurs propres actes, ou de se créer à eux-mêmes une cause de nullité.

89. Le créancier admis provisoirement pour une partie de sa créance, trouve une cause légitime d'opposition dans le jugement qui lui accorde sa créance pour le tout.

Cependant il serait non-recevable dans son opposition si le procès-verbal du-juge-commissaire constatait, soit qu'il a voté le concordat, soit qu'il a expressément consenti à ce que, pour former la majorité en somme, sa créance ne fût comptée que jusqu'à concurrence de la portion provisoirement admise. Il ne lui appartient pas de revenir contre un consentement accepté par les autres créanciers, ni contre un engagement qu'il a volontairement contracté.

Nous croyons aussi que l'opposition serait non-recevable, comme inutile et sans objet, si, par l'addition du surplus de la créance de l'opposant au total des créances, la majorité des trois quarts en sommes se trouvait néanmoins acquise. La loi, sans doute, autorise l'opposition ; mais c'est à la condition qu'elle aura pour effet immédiat d'annuler le concordat, si elle est accueillie.

90. Le dol et la fraude du failli sont un moyen de nullité qui autorise l'opposition au concordat de la part de tout créancier qui les dénonce en temps utile. Cela s'entend du dol et de la fraude pratiqués à l'encontre de tous les créanciers, et qui consistent particulièrement à les tromper sur les valeurs actives ou passives de la faillite. Mais le dol à l'aide duquel on décide un créancier à consentir le concordat, peut-il légitimer l'opposition de ce créancier ?

On a toujours le droit de revenir contre un consentement surpris par des manœuvres frauduleuses. Ici, cependant, qu'il s'agit d'un contrat qui émane de la volonté de plusieurs, ou qui, plutôt, est le produit d'une double majorité, le vice dans le consentement d'un seul des contractants ne peut l'annuler que l'orsque l'une des deux majorités se trouve anéantie par l'admission de l'opposition de ce contractant. Si donc, l'opposition n'avait d'autre résultat que de ranger l'opposant parmi les créan-

ciers qui n'ont pas voté le concordat, elle devrait
être rejetée.

91. Le créancier dont le mandataire aurait outre-
passé les pouvoirs aurait un juste motif de former
opposition au concordat. Cette opposition ne devrait
pas non plus être reçue si, abstraction faite du vote
de ce mandataire, la majorité se trouvait acquise en
nombre et en sommes. Dans ce cas encore s'applique la règle, que l'intérêt est la mesure des actions.

92. La même décision aurait lieu si le mandant
était décédé avant la signature du concordat ; seulement, l'opposition pourrait être formée par l'un des
autres créanciers : l'héritier du mandant n'en aurait
plus seul le droit. Le mandat se trouvant révoqué, le
mandant est réputé n'avoir pas voté, et si, par suite,
l'une des deux majorités manque, chaque créancier
a intérêt à faire prononcer la nullité. Il est bien entendu que la nullité n'a lieu qu'autant que le mandataire a su le décès du mandant (art. 2008 du Code
civil.)

93. Si le failli était l'héritier de l'un des créanciers, décédé avant les huit jours accordés pour former l'opposition au concordat, la créance ou la dette
se trouverait éteinte par la confusion. Cette circonstance pourrait enlever au concordat la majorité
en nombre ou en sommes. Serait-elle un motif légitime d'opposition pour un créancier, surtout si ce
créancier n'avait pas voté le concordat ?

Cette question nous paraît délicate :

Il est certain que l'état des ressources du failli est une cause déterminante du concordat. Tel créancier l'accepte parce qu'il est convaincu que les offres du failli sont en rapport avec ses facultés ; tel autre le refuse parce qu'il croit que le failli n'offre pas tout ce qu'il lui serait possible de payer. L'héritage qui lui écheoit, non seulement éteint une de ses dettes, ce qui améliore sa position ; mais encore l'enrichit de tout ce qu'il recueille dans la succession, ce qui augmente d'autant ses ressources. On semble donc autorisé à dire que, le concordat n'étant pas définitif avant l'homologation, chaque créancier acceptant peut revenir contre un consentement donné dans des conditions qui n'existent plus ; que la majorité seule oblige, et que la majorité doit exister aussi bien au jour de l'homologation qu'au moment du concordat ; qu'enfin, il serait injuste, scandaleux même, de forcer les créanciers à se contenter d'un dividende peut-être fort minime, alors que le failli est en position de se libérer intégralement de ses dettes, ou, tout au moins, de servir un dividende bien plus considérable. Ces deux dernières considérations militeraient avec plus de force encore en faveur du créancier qui aurait refusé le concordat.

Mais à cela on peut répondre : sans doute le concordat ne produit ses effets qu'après l'homologation : mais le contrat est formé ; le lien de droit existe, même pour ceux qui ne l'ont pas signé , tant qu'une cause légitime n'autorise pas le tribunal à en prononcer la nullité, à en refuser l'homologation.

Les causes légitimes de nullité sont absolues ou relatives. Les absolues résultent du dol du failli et de l'omission des formalités prescrites par la loi. Elles peuvent être invoquées pour tous les créanciers indistinctement. Les relatives dépendent de la position particulière de tel ou tel créancier qui seul a le droit de s'en prévaloir, lui ou ses héritiers, sans que les autres créanciers ni ses créanciers personnels puissent les invoquer en son lieu et place.

Dans l'hypothèse, le vote du créancier décédé est acquis à la majorité; il n'en peut être distrait que par la volonté de ses héritiers qui auraient un motif valable de le faire rapporter. S'ils se taisent, nul n'a le droit d'élever la voix pour eux.

La dette du failli existe d'ailleurs tant qu'il n'est pas héritier pur et simple; elle existe pour une partie , s'il n'est pas seul, héritier. Il a trois mois pour faire inventaire et quarante jours pour délibérer. Sait-on quel parti il prendra? Faut-il suspendre l'homologation jusqu'au jour où il aura fait connaître la qualité qu'il a prise ? Est-il possible de retarder indéfiniment l'action du tribunal? Non : toutes les dispositions de la loi s'y opposent.

Et puis, d'ailleurs, la majorité une fois acquise, elle ne peut changer que par l'admission, en temps utile, d'un créancier omis ou dont le droit avait été méconnu. Dans ce cas, elle est réputée n'avoir jamais existé. Nulle part on ne trouve que le décès de l'un des créanciers, avant l'homologation, pourra effacer la majorité et anéantir le concordat, même alors que le failli est l'héritier ou l'un des héritiers du créancier décédé. Si l'héritage enrichit le failli, il doit profiter de cette bonne fortune pour satisfaire ses créanciers et se mettre en état d'obtenir sa réhabilitation. C'est une faculté pour lui ; les créanciers n'ont pas le droit d'exiger au-delà de ce qu'il leur a promis.

Toutefois, si l'héritage était notoirement opulent et que le failli demandât l'homologation du concordat avec l'intention évidente de contenter ses créanciers de ce qu'ils ont accepté, le tribunal pourrait certainement la refuser. Mais autre chose est le refus d'homologation, autre chose la nullité du concordat, quoique le résultat soit le même. Le refus est facultatif ; il dépend des circonstances. La nullité oblige ; elle doit être prononcée dès qu'elle est reconnue.

94. Nous avons vu ci-dessus que le sort de l'opposition peut dépendre de questions étrangères à la compétence du tribunal de commerce. Cela semble supposer que ces questions peuvent surgir des motifs mêmes de l'opposition, et les termes de l'article 512 permettent de le penser, puisque c'est au créan-

cier opposant qu'elle impose l'obligation de se pourvoir devant le tribunal compétent.

Telle ne nous paraît pas être cependant la portée de cet article. Il nous est impossible d'admettre que l'opposition au concordat puisse reposer sur des motifs qui, à raison de la matière, rendraient le tribunal de commerce incompétent pour les apprécier. Rappelons l'économie de la loi. Elle ne permet l'opposition qu'au créancier qui a concouru au concordat, ou dont le droit est reconnu depuis. Pour prendre part au concordat, il faut être simple créancier chirographaire, ou le devenir par la renonciation à ses droits de préférence, et avoir affirmé sa créance, après vérification. L'opposition n'est recevable ou fondée que si elle peut entraîner la nullité du concordat, et la nullité doit reposer sur des faits dont l'appréciation appartient exclusivement au tribunal de commerce. Aussi, quels exemples donne-t-on d'une question étrangère à la compétence de ce même tribunal? Une question d'Etat, une question administrative (1).

Une question d'État? Elle ne se conçoit pas contre le syndic, contre le failli. Elle ne peut s'élever que contre l'opposant qui se présenterait au lieu et place du créancier.

(1) Dupin et Parent, discussion à l'assemblée des députés, séance du 19 février 1835. — Renouard, tome 2, p. 47. — Lainné, p. 234 et suiv.

Une question administrative? Elle peut bien se présenter dans le cours de la faillite , mais jamais à l'occasion de l'opposition au concordat , puisque alors le droit du créancier est définitivement reconnu.

On pourrait peut-être nous opposer l'exemple donné par Bédarride (1) , d'une opposition fondée sur des ventes que le failli aurait faites pour dissimuler son actif, et dont l'opposant demanderait la nullité. En ce cas , dira-t-on , le tribunal de commerce serait bien obligé de surseoir au jugement de l'opposition jusqu'à ce que le tribunal compétent eut statué sur l'action en nullité.

Nous répondrons : non , le tribunal n'est pas obligé de surseoir sur la demande en nullité des ventes , par la raison que la bonne ou mauvaise foi du failli est la seule chose qu'il ait à vérifier. A-t-il, le failli , ou n'a-t-il pas dissimulé une partie de son actif? Telle est la seule question que le tribunal ait à examiner , et cette question est indépendante de la validité ou de la nullité des ventes. La bonne foi des acquéreurs suffit pour valider les ventes , sans que le failli cesse , pour cela , d'être de mauvaise foi. — Nous pourrions ajouter que la demande en nullité des ventes ne peut se former que par les syndics, et qu'elle n'appartient pas à chaque créancier indivi-

(1) Tome 1 , p. 182.

duellement; qu'ainsi elle ne saurait servir de fondement à une opposition.

95. Nous pensons donc que les questions étrangères à la compétence du tribunal, et auxquelles le mérite de l'opposition serait subordonné , prennent naissance uniquemment dans les exceptions ou moyens de défense des syndics et du failli. Ils sont reçus, en effet, à dire à l'opposant : vous vous présentez au nom de tel créancier; si vous vous dites son fils, nous contestons votre état ; son légataire, son cessionnaire , nous contestons votre titre. Ou bien : Vous n'êtes plus créancier; voici un acte qui prouve que vous êtes désintéressé par un co-obligé ou par un caution ; ou que vous avez cédé vos droits à un tiers , etc. Cet acte est nul, dites-vous ; faites en prononcer la nullité.

Dans tous ces cas et autres, les questions soulevées par la défense ne sont pas , ou peuvent ne pas être de la compétence du tribunal de la faillite, et c'est à l'opposant à saisir le tribunal compétent, parce que c'est à lui à justifier de son droit, de son intérêt à former opposition au concordat.

96. Que nous nous trompions ou que nous soyons dans le vrai , cette partie de l'article 512 n'en est pas moins d'une application difficile dans la pratique. Elle consacre une exception à la règle que le *juge de l'action est toujours le juge de l'exception*. Déterminer la limite à laquelle le juge de l'action doit s'arrêter ,

c'est-à-dire, retenir la connaissance de l'exception, ou la renvoyer au jugement d'un autre tribunal, est chose tellement embarrassante que les auteurs semblent avoir reculé devant le devoir que leur mission même leur imposait d'éclairer, sur cette matière, et les tribunaux et les parties. La juste crainte de commettre des erreurs ne légitime pas ce silence. Le commentateur d'une loi doit toute sa pensée sur chacune des dispositions de cette loi. S'il se trompe, du moins il provoque la discussion ; de la discussion jaillit la lumière.

97. Un tribunal est incompétent à raison de la personne ou à raison de la matière.

Ici, la loi n'oblige le tribunal de commerce à se déclarer incompétent que relativement aux questions étrangères à sa compétence à raison de la matière, lorsqu'à la solution de ces questions est subordonné le jugement sur l'opposition.

Ainsi, le tribunal de commerce reste, dans tous les cas, nanti du jugement de l'opposition et, comme le dit Tripier, dans son premier rapport à la Chambre des Pairs, de tous les incidents qui s'y rattachent, autres que ceux pour lesquels son incompétence serait *absolue* à raison de la matière.

De là deux conséquences : la première, que les questions étrangères à la compétence du tribunal à raison des personnes restent soumises à son examen et à son appréciation : La seconde, que si l'incompétence est à raison de la matière , il faut que le jugement de l'opposition dépende de la solution de la question étrangère.

98. En laissant au tribunal de la faillite l'examen et la solution des questions qui sont étrangères à sa compétence à raison des personnes , la loi crée des difficultés fort graves, et dont la solution serait fort embarrassante pour les tribunaux , si l'on s'en tenait à son texte.

Remarquons d'abord que cette sorte d'incompétence ne peut jamais exister relativement à la personne des syndics et du failli. Quant à eux, toujours et nécessairement défendeurs , en matière d'opposition au concordat , la question , quelle qu'elle soit , reste toujours soumise à la juridiction du tribunal de la faillite. Ce n'est donc que par rapport à l'opposant que l'incompétence peut surgir des moyens de la défense.

Remarquons, en second lieu, que l'incompétence à raison de la personne , ne saurait avoir lieu que lorsqu'il s'agit de contestations relatives à des actes de commerce , quand ces contestations ne sont pas des inscriptions de faux ou des vérifications d'écritures.

Remarquons enfin que l'opposition même justifie le droit de l'opposant, c'est-à-dire, que sa créance n'est plus contestable. Conséquemment, aucune question étrangère à la compétence du tribunal ne peut s'élever sur la validité de sa créance.

Il résulte de ces remarques que les cas d'incompétence à raison de la personne ne sont, en cette matière, ni ne doivent être fort nombreux. Voici ceux qu'il nous est donné de prévoir.

1° L'opposant a participé au concordat : Il y forme néanmoins opposition. Les syndics lui objectent qu'il n'a plus qualité pour cela, par la raison que, depuis le concordat, il a contracté une association commerciale dans laquelle il a fait entrer sa créance pour ce qu'elle vaudrait. Il en convient ; mais il prétend, ou que l'association est nulle, ou que l'acte ne lui enlève pas le droit de suivre seul les opérations de la faillite. Cette question d'interprétation ou de nullité est de la compétence du tribunal de commerce du domicile social ou de celui de l'un des associés. Ainsi il y aurait là, ou il pourrait y avoir, pour le tribunal de la faillite, une question étrangère à sa compétence à raison de la personne.

2° Les syndics pourraient aussi repousser l'opposition du créancier en lui soutenant qu'il y est sans droit et sans intérêt, parce que, depuis le concordat, il a confirmé ce traité en mettant en circulation une lettre de change sur le failli pour le montant du dividende que celui-ci lui a promis. L'opposant répond que la lettre de change lui a été surprise par dol ou arrachée par la violence, et qu'il en va faire prononcer la nullité contre le preneur et le porteur.

Ici encore la question de nullité peut être étrangère à la compétence du tribunal à raison des personnes.

3° L'opposant n'a pas figuré au concordat ; son droit, sa créance n'a été reconnue que depuis. Les syndics critiquent son opposition sous le prétexte que, même avant le jugement qui le reconnaît pour créancier, il a renoncé à tous ses droits contre la faillite dans un traité passé avec un co-obligé ou une caution du failli. Il répond que le traité, bien entendu, bien interprété, ne confère à la caution ou au co-obligé aucun droit sur la faillite. La question d'interprétation peut sortir de la compétence du tribunal à raison de la personne.

4° Ce n'est pas le créancier affirmé qui forme opposition, c'est l'un des endosseurs du titre qui se prétend subrogé dans tous les droits du porteur par le seul fait d'un remboursement postérieur. Loin de reconnaître la subrogation, les syndics plaident qu'il n'a jamais fourni la valeur du titre, qu'il ne l'a point acquitté, et qu'il n'est que le prête-nom du créancier affirmé, devenu insolvable et débiteur de la faillite. De là, des questions dont, à raison des personnes, la solution peut ne pas être de la compétence du tribunal saisi de l'opposition.

Dans ces différents cas et autres, s'il s'en présente, l'incompétence n'existant ou pouvant n'exister qu'à raison des personnes, on se demande si le tribunal de la faillite doit retenir le jugement des questions pour y statuer en même temps que sur l'opposition. Oui, sans aucun doute, si l'on s'en tient au texte de l'article 512 qui n'ordonne au tribunal de surseoir et de renvoyer devant juges compétents que lorsque la question à résoudre lui est étrangère à raison de la matière.

99. Cependant, il est une règle qui, elle aussi, doit être respectée; la règle que nul ne peut être distrait malgré lui de ses juges naturels, lorsque la loi n'y autorise pas expressément. Aussi, loin de considérer la disposition de l'article 512 comme tellement absolue qu'elle rejette toute exception quelconque, pensons-nous qu'il est utile de distinguer les différents cas, pour donner à chacun la solution qui lui convient.

Dans les exemples ci-dessus, on ne peut arriver à la solution de la difficulté, qu'en recherchant si la question étrangère peut se discuter avec l'opposant seul, ou s'il est nécessaire de la faire juger contradictoirement avec un tiers; et, dans ce dernier cas, se demander si l'action à diriger contre le tiers est, quant à lui, une demande principale ou seulement une demande incidente à une action principale déjà liée devant le tribunal de la faillite.

100. Si donc, comme dans les deux premières hypothèses, les syndics et le failli présentent contre l'opposant des titres dont celui-ci veut faire prononcer la nullité, soit pour vices de forme, soit par dé-

faut de consentement libre , l'action en nullité ne pouvant être formée ni par ni contre les syndics et le failli , mais par l'opposant lui-même contre les personnes envers lesquelles il s'est engagé , les défendeurs ont incontestablement, ce nous semble , le droit de n'être jugés que par le tribunal de leur domicile ou du siége de la société. Il ne nous est pas donné de concevoir qu'une personne absolument étrangère à la faillite, et à l'occasion d'un acte qui ne touche point aux intérêts de la faillite , puisse cependant être obligée de plaider devant un tribunal qui lui est étranger. L'opposition au concordat deviendrait souvent un prétexte pour détourner une partie de ses juges naturels, dans l'espérance que la faveur attachée au concordat rendrait les juges de la faillite plus faciles à prononcer la nullité.

Rejeter notre opinion , et décider que le tribunal de la faillite doit retenir le jugement de l'exception et prononcer la nullité s'il y a lieu , c'est arriver à une conséquence que des esprits judicieux ne voudront sans doute pas admettre. Ce serait décider, en effet, que le tribunal de l'opposition doit connaître de l'exception de nullité, alors même que la demande en nullité serait déjà pendante devant un autre tribunal, soit sur l'action de l'opposant, soit sur l'action des tiers qui auraient contracté avec lui. Comme si un tribunal légalement nanti pouvait être dépouillé de sa juridiction par une simple exception présentée par l'une des parties devant un autre tribunal et à l'occasion d'une autre discussion ! Comme si les conflits de juridiction et les contrariétés de jugements n'intéressaient pas l'ordre public ! Comme si l'article 512 ne s'opposait pas à tout ce qui peut retarder indéfiniment l'admission ou le rejet de l'opposition au concordat !

101. La solution ne serait pas la même si, au lieu de demander la nullité, l'opposant demandait l'interprétation des actes qui lui sont opposés par les syndics et le failli. Généralement, le tribunal saisi d'une contestation a le droit d'interpréter les actes sur lesquels l'une ou l'autre des parties appuie ses moyens de défense. Sans doute l'interprétation donnée aux actes par le tribunal pourrait être contraire aux intérêts des tiers qui ont contracté avec l'opposant ; mais le jugement ne peut jamais leur être opposé ; il est, quant à eux, *res inter alios acta*.

Ainsi, dans l'hypothèse n° 3, le tribunal de l'opposition devrait retenir l'exception soulevée par la défense des syndics, alors même que l'opposant déclinerait sa compétence et demanderait le renvoi devant le juge de son domicile, sous le prétexte que ce juge serait seul compétent pour interpréter l'acte qu'on lui oppose, parce que l'incompétence, en ce cas, n'existerait que relativement à la personne même de l'opposant.

102. Dans l'hypothèse n° 4 les syndics et le

failli repoussent l'opposition du créancier par l'allé-
gation d'une simulation concertée entre le créancier
affirmé et l'opposant dans le but de conférer à celui-
ci un droit qu'il n'a pas, et de soustraire le véritable
créancier aux conséquences de sa nouvelle position.
La simulation doit être prouvée, et cette preuve incombe évidemment aux syndics et au failli, puisqu'ils s'en font un moyen de défense. Elle intéresse
et la masse des créanciers et le créancier affirmé
lui-même. Celui-ci doit être appelé dans l'instance
en déclaration de jugement commun pour prévenir
une tierce-opposition de sa part. Si ce créancier et
l'opposant voulaient excepter de l'incompétence du
tribunal, ils n'y seraient pas reçus, par la double
raison que l'incompétence leur serait pure personnelle, et que la contestation intéresse la faillite qui
veut maintenir au nombre de ses créanciers une personne contre laquelle elle a des droits, ce qui rend
le tribunal essentiellement compétent.

103. Il faut donc entendre l'article 512 en ce
sens que le tribunal ne doit jamais surseoir au jugement de l'opposition lorsque la question qui surgit
de la défense des syndics et du failli ne devient étrangère à sa compétence qu'à raison de la personne
même de l'opposant. Mais si la solution de la question dépend d'une action directe à former par l'opposant contre des tiers, le tribunal doit se désaisir,
alors même que son incompétence tiendrait unique-

ment aux personnes, et fixer à l'opposant un délai dans lequel il devra justifier de sa diligence.

104. Les tribunaux de commerce n'ont dans leur juridiction que les contestations relatives à des actes de commerce. Toutes les fois donc que la question étrangère à la compétence n'a pas son origine dans des opérations commerciales, elle est hors de leur compétence à raison de la matière, et leur devoir est de renvoyer les parties à se pourvoir devant qui de droit.

Contester à l'opposant sa qualité d'héritier ou de légataire de celui des créanciers qu'il représente ; prétendre qu'il a perdu sa qualité de tuteur, sa puissance maritale, son droit d'agir en justice, sa capacité d'acquérir ; méconnaître la validité de l'acte de cession que le créancier lui a consenti, soit parce que cet acte est nul en la forme, soit parce que le cédant n'avait pas capacité pour aliéner, etc., etc., c'est soulever des questions qui, à raison de la matière, sont étrangères à la compétence du tribunal de l'opposition.

105. Il n'est pas toujours facile de reconnaître si l'incompétence tient plus de la matière que de la personne. Il y a des nuances à saisir, qui sont fort délicates.

Par exemple, les questions de validité d'hypothèques ne sont point de la compétence des tribunaux de commerce. S'en suit-il que, si un créancier

qui n'a pas figuré au concordat y forme opposition ,
et que les syndics le repoussent par le motif qu'il a
une hypothèque inscrite , le tribunal soit incompétent pour statuer sur le mérite de cette hypothèque
arguée de nullité par le créancier lui-même ? Oui,
sans aucun doute , si pour annuler l'hypothèque il
faut l'attaquer dans son essence ou dans sa forme,
briser le titre duquel elle résulte ; mais non , ce nous
semble , si la nullité résulte de ce que l'hypothèque
a été prise ou consentie dans les dix jours qui précèdent l'ouverture de la faillite. Dans ce dernier cas,
il n'y a qu'un fait à constater, la date même de l'hypothèque ou de l'inscription. En vain les syndics ou
l'opposant prétendraient que cette constatation appartient au juge du domicile de l'opposant. L'incompétence tiendrait plus de la personne que de la matière ; et d'ailleurs c'est au tribunal de la faillite
qu'il appartient plus spécialement de rechercher ,
dans l'intérêt seul de la masse , si l'hypothèque a
été prise, consentie ou inscrite en contravention aux
dispositions des articles 446 et 448.

106. Autre exemple. L'opposant est le cessionnaire d'un créancier affirmé. Les syndics le prétendent non-recevable dans son opposition par le motif
que, n'ayant pas signifié son titre aux déditeurs, il
n'est pas légalement saisi de la créance. Il répond
que cette exception ou fin de non-recevoir tend à
annihiler les effets de son titre, et que le tribunal

n'est pas compétent pour annuler, dans ses effets, un contrat d'ailleurs valable en sa forme.

Cette défense ne doit point être accueillie. Il ne s'agit pas, pour le tribunal, d'annuler l'acte de cession, mais d'apprécier jusqu'à quel point il est vrai que le défaut de signification de l'acte de cession aux débiteurs, c'est-à-dire, au failli et aux syndics, rend non-recevable l'opposition du cessionnaire. Uu autre tribunal n'aurait rien à juger, puisqu'il n'est pas possible qu'il prononce sur le mérite de l'opposition, ni qu'il soit appelé à constater seulement le défaut de signification du titre. A proprement parler, il n'y a, dans l'espèce, d'incompétence ni à raison de la matière, ni à raison de la personne.

107. Pour qu'il y ait lieu à sursis, il ne suffit pas que la question soit étrangère à la compétence du tribunal à raison de la matière, il faut de plus que le jugement de l'opposition dépende de la solution de cette question.

Ainsi, par exemple, si l'opposant prenait la qualité d'héritier bénéficiaire d'un créancier décédé depuis l'affirmation de sa créance, il importerait peu que les syndics prétendissent qu'il est héritier pur et simple: parce que, quelle que soit la décision sur la qualité de l'opposant, la qualité de créancier demeurerait toujours, et, conséquemment, son droit à l'opposition resterait entier. Seulement, si la faillite avait intérêt à ce que l'opposant fut reconnu pour héritier pur et simple , les syndics auraient à faire leur réserve à cet égard.

108. Toutes les fois que le tribunal est obligé de surseoir, il doit fixer un bref délai dans lequel l'opposant est tenu de saisir les juges compétents et de justifier de ses diligences (art. 512). La loi ne veut pas que la question étrangère devienne un prétexte de retarder indéfiniment le jugement de l'opposition. Elle avertit ainsi indirectemment le juge compétent qu'il est de son devoir de prononcer le plus promptement possible.

Si, à l'expiration du délai fixé, l'opposant ne justifiait pas de ses diligences , il serait passé outre au jugement de l'opposition , sauf , néanmoins , au tribunal à apprécier les motifs du retard. Il serait injuste de priver le créancier de l'exercice de son droit d'opposition, s'il prouvait l'impossibilité où il a été d'agir dans le délai.

109. Lorsque la question étrangère est jugée, ou s'il n'en a pas été soulevé, le juge prononce sur l'opposition. S'il la trouve fondée, il annule le concordat ; si non, il la repousse et il homologue le traité.

CHAPITRE III.

DE L'HOMOLOGATION DU CONCORDAT.

110. Si le concordat n'intéressait que le failli et ses créanciers, il formerait un contrat parfait dès

l'instant que les délais, pour y faire opposition , seraient écoulés. Tous seraient obligés de l'exécuter, alors même qu'ils ne l'auraient pas formellement accepté.

Mais, l'ordre public exige, pour la validité de ce contrat, quelque chose de plus que le consentement du failli et celui de la majorité de ses créanciers ; il veut le contrôle et l'approbation de l'autorité judiciaire. La société a besoin d'être rassurée sur les causes et les conséquences d'un traité que la loi n'eût jamais permis, si elle n'y eut été conduite par l'intérêt bien entendu des créanciers et par les égards dûs à un failli réellement malheureux. L'homologation du tribunal ou de la cour d'appel donne , à cet égard, toute garantie à la société. Désormais, il y a certitude que rien n'a révélé les intrigues du failli pour échapper à une juste peine, la corruption ou la violence de la majorité, l'empressement de cette majorité à accepter des promesses fallacieuses, ou à s'affranchir des formalités prescrites par la loi.

111. L'homologation appartient au tribunal de la faillite seul chargé d'examiner si le concordat est conforme à l'intérêt général de la société, à l'intérêt particulier des créanciers.

Elle doit être demandée par les parties intéressées, et non pas provoquée d'office par le juge-commissaire. La loi détermine les attributions de ce magistrat; il ne lui est pas permis d'aller au-delà. On doit convenir cependant que, dans la rédaction primitive du projet de loi, on donnait au juge-commissaire la faculté de provoquer l'homologation du concordat ; mais cette rédaction a été changée, et l'article 513 ne parle que de la partie la plus diligente.

En ne désignant nommément aucune des parties, cet article laisse au failli, aux syndics , à chaque créancier en particulier, le droit de requérir l'homologation.

Le failli a provoqué le concordat; il a, plus que tout autre, intérêt à en poursuivre l'homologation.

Les syndics , en tant que syndics , ne sont point parties au contrat ; mais ils représentent les créanciers, et ils peuvent toujours agir dans leur intérêt.

Chaque créancier étant personnellement partie au concordat, il convient de donner à chacun l'initiative d'une demande que les syndics , par négligence ou par indifférence, et le failli , par calcul , pourraient ne pas former.

112. Qu'arriverait-il si, ni les syndics, ni le failli, ni aucun créancier ne provoquaient l'homologation ? Cette hypothèse peut se présenter, et peut-être était-elle dans les prévisions des auteurs du projet de loi, lorsqu'ils crurent devoir accorder l'initiative de la demande au juge-commissaire, à défaut de l'action des syndics ou de l'une des parties. La loi ne l'a point prévue. Le silence ou l'inaction des intéressés ne nous paraît point devoir paraliser l'action du tribunal qui,

sur le rapport du juge-commissaire, doit déclarer les créanciers en état d'union. L'homologation d'un concordat, dont personne ne demande l'exécution, ne peut être dans l'initiative du tribunal.

113. L'article 113 ne dit point dans quel délai ni dans quelle forme la demande en homologation doit avoir lieu. Il dispose , seulement , qu'elle ne peut point être prononcée avant l'expiration de la huitaine accordée au créancier pour faire opposition au concordat.

On a conclu de cette disposition, d'une part, que la demande doit se former par une requête au tribunal à l'audience qui suit l'expiration de la huitaine ; et, d'autre part , que la demande formée dès le lendemain du concordat est valable , pourvu que le tribunal ne statue pas avant la huitaine.

114. Nous pensons qu'une requête n'est pas indispensable pour obtenir l'homologation. Il suffit que l'une des parties intéressées se présente à l'audience, et la demande au tribunal sur le vû du concordat.

En tout cas, la requête ne doit point être signifiée aux autres parties : leur présence n'est pas requise pour la validité du jugement.

La requête n'est point obligatoire non plus lorsque le tribunal prononce sur l'homologation en même temps que sur l'opposition d'un créancier. En faisant un devoir au tribunal de statuer sur l'une et sur l'autre par le même jugement, l'art. 513 indique, assez clairement, qu'il n'est pas besoin d'un autre acte pour autoriser le juge à se prononcer sur l'homologation. D'ailleurs, en repoussant l'opposition, les syndics et le failli concluent, au moins implicitement, à l'homologation.

115. La demande en homologation faite avant la huitaine serait intempestive; mais elle ne serait pas nulle, quoique faite par une requête. Le tribunal renverrait à statuer à l'audience qui suivrait l'expiration du délai fixé par l'article 513. Si le tribunal faisait droit immédiatement à la demande, sa décision ne serait pas nulle; seulement, s'il intervenait une opposition, il serait obligé, en la recevant, de rabattre son jugement. L'homologation est inconciliable avec l'opposition formée en temps utile : mais si, tous les créanciers se taisent, elle produira tous ses effets. Qui aurait à s'en plaindre? Elle ne blesse aucun intérêt, elle ne méconnait aucun droit.

116. Nous l'avons déjà observé, la loi veut qu'un seul jugement prononce en même temps sur les oppositions et sur l'homologation. S'il accueille les oppositions, il annule le concordat à l'égard de tous les intéressés.

De tous les intéressés, parce qu'en effet, le sort de tous doit être le même. Vouloir, comme l'enseignaient quelques auteurs et comme l'ont jugé plusieurs cours d'appel, sous l'empire de l'ancien Code de commerce, que le concordat fut valable pour ceux des

créanciers qui n'y avaient pas fait opposition, ce n'é-
tait pas seulement violer l'égalité qui doit régner
entre tous les créanciers chirograpbaires d'une faillite, c'était aussi, si non obliger, du moins autoriser le failli à se déclarer une seconde fois en faillite,
au grand préjudice de la masse. En consacrant l'opinion et la jurisprudence contraires, l'article 513
s'est conformé aux vrais principes; il a, en même
temps, rendu un service réel aux créanciers.

117. Quoique obligé de prononcer sur l'opposition et sur l'homologation par un seul et même jugement, le tribunal n'est pas dispensé, pour cela,
d'entendre le rapport qu'aux termes de l'article 514,
le juge-commissaire doit toujours faire, avant l'homologation, sur les caractères de la faillite et sur
l'admissibilité au concordat.

Ce rapport est essentiel, et il en doit être fait men-
tion dans le jugement. C'est une formalité substan-
cielle dont l'omission entraîne la nullité, comme l'a
jugé la cour de Douai, le 27 décembre 1839 (1).
Dalloz n'approuve pas cette décision. Mais, comme
le dit Renouard (2), tant d'intérêts importants et
divers sont irrévocablement engagés dans la décision
sur le concordat, qu'on ne saurait autoriser les tribunaux de commerce à s'affranchir arbitrairement
d'une instruction préliminaire que la loi a expressé-

(1) Dalloz, 41-2-43.
(2) Tome 2, p. 56. — V. aussi Bédarride n° 579.

ment ordonnée, et à défaut de laquelle elle a présumé que leur décision ne serait pas rendue en suffisante connaissance de cause.

C'est en effet et principalement dans le rapport du juge-commissaire que le tribunal doit puiser les motifs de sa décision. Chargé par la loi (art. 515) d'accorder ou de refuser l'homologation selon que l'on s'est ou non conformé aux formalités qu'elle établit, ou selon que l'intérêt public et l'intérêt même des créanciers l'exigent, où trouverait-il plus de lumières ailleurs que dans un rapport qui lui signale la conduite du failli, l'état de ses affaires, l'omission ou l'accomplissement des formalités prescrites, les faits qui se sont passés dans l'assemblée, les remarques qu'il a faites, les impressions qu'il a reçues?

L'article 514, il est vrai, ne prononce pas la nullité. Qu'importe? Il commande au juge-commissaire de faire un rapport ; il commande au tribunal de ne pas passer outre avant d'avoir entendu ce rapport. Ce que la loi ordonne au magistrat est toujours de rigueur. S'il appartenait aux tribunaux de substituer leur volonté à celle de la loi , il n'y aurait plus de garanties ni pour les intérêts privés ni pour l'ordre public, et l'ordre public est puissamment intéressé à ce que la loi soit obéie par ceux qui sont chargés de la faire respecter.

118. L'article 515 est introductif d'un droit nouveau. Avant la loi de 1838 , les tribunaux de com-

merce n'avaient à se préoccuper de l'inobservation des formalités prescrites par la loi que lorsqu'elles leur étaient signalées dans une opposition, et ils ne pouvaient refuser d'office l'homologation que pour cause d'inconduite ou de fraude de la part du failli. Aussi son refus constituait-il, de plein droit, le failli en prévention de banqueroute.

La nouvelle loi est tout à la fois moins indulgente et moins sévère que l'ancienne.

Moins indulgente, en ce qu'elle ordonne aux tribunaux de commerce de refuser le concordat toutes les fois que quelques-unes des formalités essentielles auront été omises, et que l'intérêt public ou l'intérêt des créanciers le leur commandera.

Moins sévère, en ce que le refus d'homologation n'entraîne pas contre le failli la prévention de banqueroute.

Une faillite est presque toujours un événement qui trouble profondément la société. Les maux qu'elle fait sont rarement réparés. S'ils s'atténuent quelquefois, le plus souvent ils s'aggravent sous une loi ou trop indulgente ou trop rigoureuse. Les formalités que cette loi prescrit et les pouvoirs qu'elle confère aux magistrats doivent être, et pour l'ordre public et pour les particuliers, une garantie contre des abus que l'expérience vient toujours révéler. Si elle laissait aux seuls créanciers le soin de réprimer l'inobservation de ces formalités et, aux tribunaux, l'obligation de respecter leur silence , la morale publique pourrait avoir , plus d'une fois , à souffrir de leur connivence avec des syndics peu scrupuleux , disposés à tout sacrifier à leur propre avantage. Tantôt ils conclueraient des marchés illicites ; tantôt ils opprimeraient une minorité malheureuse ; tantôt ils dissimuleraient des faits de dol et de fraude ; en un mot , la crainte que le refus d'homologation ne vint mettre le failli en état de banqueroute , les porterait à taire les faits d'inconduite.

La nouvelle loi, en prenant ses précautions contre de tels abus, s'est montrée intelligente et, en même temps, conservatrice de tous les intérêts.

119. En général, nul n'est meilleur juge de notre propre intérêt que nous-même. Il semble donc que lorsque la majorité des créanciers a accepté le concordat, et qu'aucune opposition ne s'est manifestée, le contrat est parfait en ce qui concerne l'intérêt privé. Aussi un auteur (1) a-t-il dit que , les créanciers trouvant leur garantie dans le droit d'opposition , il était inutile de donner au tribunal la faculté d'annuler le concordat par des motifs *tirés de leur intérêt personnel.*

Cela n'est pas réfléchi. Le défaut d'opposition ne prouve pas que la majorité soit dans le vrai, qu'elle ait apprécié convenablement l'état des ressources du failli, que la minorité ne soit pas opprimée, que son

(1) Lainné , p. 241.

silence soit volontaire. Il ne faut pas que le tribunal soit obligé de consacrer des apparences, au risque de blesser l'équité et de rendre irréfragable une convention erronnée ou irréfléchie, peut-être même, de créer un aliment à une seconde faillite, espérance probable d'un failli qui a offert plus qu'il ne pourra payer.

Sans doute le tribunal apportera une extrème réserve dans l'exercice de son droit. Plus la loi se montre confiante en sa sagesse, plus il sera attentif à ne se prononcer qu'avec une entière conviction, sans se laisser aller à des craintes exagérées ou chimériques, sans se laisser dominer par les sourdes rumeurs, par les secrètes délations de l'inimitié ou de la prévention.

119 *bis*. Le tribunal n'oubliera pas non plus que le jugement d'homologation ne peut pas modifier les stipulations du concordat. Ce traité doit être accepté ou repoussé tel qu'il est. (Cour de Paris, 23 février 1839, et de Nancy, 6 juin 1846) (1).

CHAPITRE IV.

DES EFFETS DU CONCORDAT.

120. Le concordat, validé par une homologation devenue définitive, confère des droits et impose des

(1) Dalloz, 29-2-82 — 46-2-198.

obligations aux créanciers comme au failli. Nous avons donc à rechercher quels sont ses effets par rapport au failli , par rapport aux créanciers.

SECTION 1re.

Des effets du concordat par rapport au failli.

121. Le concordat définitif fait cesser l'état de faillite ; mais il n'efface pas la *qualité* de failli , laquelle demeure jusqu'à la réhabilitation.

Il ne serait pas vrai conséquemment de dire que le concordat fait rentrer le failli dans la plénitude de ses droits. Il lui rend seulement l'administration et la disposition de ses biens, que la déclaration de faillite lui avait enlevées.

122. Le premier effet du concordat a pour conséquence nécessaire la cessation du syndicat. Les syndics doivent immédiatement rendre compte au failli et lui remettre ses biens , livres , papiers et effets ; le tout en présence du juge-commissaire qui en dresse un procès-verbal dans lequel le failli leur donne quittance ou décharge définitive. (Art. 519). Ce n'est qu'après la signature de ce procès-verbal que cessent les fonctions du juge-commissaire.

L'ancien article 525 ne faisait cesser les fonctions des syndics qu'après la reddition de leur compte et la décharge du failli. Cela n'était pas rationnel. Dès que la faillite est terminée, il n'y a plus que des créanciers qui ont repris l'exercice de leurs droits et actions individuels; la masse est dissoute. Dès lors elle n'a plus besoin de représentants qui agissent pour elle. Il n'y a donc plus de syndics ; il ne reste que des administrateurs dont la gestion est finie, et qui en doivent compte au propriétaire des biens qui leur avaient été confiés. C'est donc avec raison que l'article 519 fait cesser les fonctions des syndics dès le jour que le jugement d'homologation est passé en force de chose jugée, et les soumet à l'obligation de rendre immédiatement leur compte.

123. En disposant en ces termes, cet article 519 introduit une autre modification fort importante aux dispositions de l'ancien article 525 qui permettait au failli de demander compte aux syndics aussitôt après la signification du jugement d'homologation, sans rien statuer pour le cas où il y aurait appel de ce jugement. Cet état de choses était funeste au failli, et pouvait le devenir pour les créanciers.

Sous le prétexte que le jugement n'était pas passé en force de chose jugée et que leurs fonctions continuaient, les syndics ne rendaient pas leur compte. Le failli n'osait pas le demander dans la crainte de ne pas réussir, et cette crainte était fondée, puisque son droit d'agir paraissait borné au seul cas où le compte aurait soulevé des difficultés. Cette fâcheuse interprétation de l'article 525 était cause, comme l'affirme Lainné (1) , qu'au moment où parut la loi de 1838 , beaucoup d'anciennes faillites n'étaient pas encore réglées.

D'un autre côté , si les syndics remettaient au failli ses biens , livres et papiers avant que l'homologation fût devenue définitive , il pouvait arriver que la cour d'appel refusât de sanctionner le jugement d'homologation et brisât le concordat. Cependant le failli aurait pu aliéner , même de bonne foi , une partie de ses biens , prendre de nouveaux engagements , faire des emprunts. Que de difficultés , que d'embarras pouvaient surgir de ces faits nouveaux !

Ces difficultés , ces embarras , l'article 519 les prévient , de même qu'il ôte tout prétexte aux syndics de refuser leur compte. Ce compte , comme la remise des biens, livres et papiers , le failli ne peut les demander que lorsque l'homologation est définitive ; mais si les syndics résistaient , le tribunal de commerce les y contraindrait , compétent qu'il est pour statuer sur toutes les contestations qui s'élèvent entre le failli et les syndics.

124. Les syndics doivent compte de toutes les sommes qu'ils out reçues , de toutes les dépenses qu'ils ont faites , de toutes les indemnités dont ils sont passibles , à raison de leur administration. Ils sont responsables du préjudice que leur négligence

(1) P. 262.

ou leur mauvaise gestion cause au failli. Chargés d'exercer tous ses droits et actions , ils ne doivent point laisser périmer une action, prescrire un droit. Il est de leur devoir de prendre et de renouveler les inscriptions en temps utile , d'interrompre les prescriptions, de veiller à la conservation des biens. En un mot, toutes les fois qu'il arrive un dommage, par leur faute, ils doivent le réparer. Il est bon d'en prévenir les syndics qui, la plupart du temps, semblent trop oublier les intérêts du failli. Lorsqu'on les voit agir plus ou moins directement pour empêcher le concordat , on peut présumer, avec une sorte de certitude , qu'ils cherchent à échapper à leur responsabilité.

125. De quelque nature que soient les difficultés que soulève le compte des syndics , le tribunal de commerce est compétent pour les connaître. L'article 519 n'admet point d'exception, même pour le cas où la contestation serait relative à des dégradations commises sur les biens du failli.

126. La présence du juge-commissaire aux débats du compte aplanira bien des difficultés , préviendra plus d'une contestation. Médiateur intelligent , il saura concilier des prétentions opposées, ou les ramener à ce que l'équité demande, et, s'il n'est pas assez heureux pour y parvenir , il renvoie les parties à se pourvoir devant le tribunal.

Ici se présente une difficulté. En cas de contestation le juge-commissaire devra-t-il nécessairement concourir au jugement ?

Non, répond Bédarride (1), parce qu'à l'époque ou ce jugement est prononcé, il n'y a plus de faillite, plus de juge-commissaire. Les fonctions qu'il exerçait n'ont pas survécu au procès-verbal qu'il a rédigé.

Il n'y a plus de faillite sans doute; mais la faillite n'est pas encore réglée. Les fonctions du juge-commissaire continuent jusqu'à ce que le compte soit apuré, et il ne l'est pas, tant qu'il y a contestation entre les parties. Après le jugement il faut revenir devant lui pour arrêter définitivement le compte et clore le procès-verbal.

De là, pour nous, cette conséquence, que la présence du juge-commissaire aux débats judiciaires et sa coopération au jugement sont indispensables. Mieux que personne, il peut éclairer le tribunal sur les causes de la contestation, sur la légitimité des réclamations du failli, sur la conduite des syndics. C'est une partie du mandat qu'il a reçu de la loi. On en pourrait conclure qu'il est appelé à faire un rapport avant le jugement ; mais, comme la loi ne s'en explique point, il n'y est pas obligé, à moins que le tribunal ne l'ordonne en mettant l'affaire en délibéré. Précaution utile, qu'il est bon de recommander aux tribunaux de commerce.

(1) Tome 2, n° 625.

127. On peut demander si le failli est en droit
d'exiger des syndics la remise de ses biens, livres et
papiers, avant le jugement sur les contestations. Le
texte de l'article 519 semble autoriser cette question,
puisqu'il place la remise des biens et papiers après
le compte ; ce qui suppose que , dans l'intention de
la loi, le compte doit toujours précéder la remise.
Ce serait, à notre avis, l'interpréter trop judaïque-
ment, que d'y voir la défense absolue de la remise
des biens et des livres avant l'apurement du compte.
La manière dont il est rédigé ne conduit pas nécessairement à cette conséquence rigoureuse. On voit
qu'il a un double objet, savoir : d'autoriser le failli à
demander le compte , et d'obliger les syndics à faire
la remise immédiate des biens, livres et papiers. Si
on l'interprétait autrement, on laisserait aux syndics
le moyen , à l'aide de mauvaises contestations dont
ils sauraient bien retarder la solution définitive, de
mettre le failli dans l'impossibilité de remplir les engagements que le concordat lui impose. Aussi Bédarride (1), qui a soulevé la question, ne paraît-il in-
sister que relativement aux livres et papiers particuliers à la gestion des syndics. Quant à ce, il n'a
pas à craindre la contradiction. Les syndics ne sauraient être tenus de remettre les pièces justificatives
de leur administration , avant que leur compte soit
réglé. Cela même les oblige à ne se point servir des

(1) Tome 2 , n° 626.

livres du failli pour y établir leur comptabilité particulière.

128. Un arrêt de la cour de Rouen, du 16 février 1829 (1), a donné occasion au même auteur de professer que l'obligation de rendre compte au failli n'est pas absolue pour les syndics, et que l'on peut stipuler dans le concordat que le compte sera rendu à un commissaire-gérant , nommé par les créanciers : que, dans ce cas , le compte reçu par le gérant et la décharge qu'il a donné aux syndics ne pouvaient plus être critiqués ni par lui-même, ni par les créanciers, ni par le failli.

Nous avons à remarquer d'abord que, dans l'espèce de cet arrêt, il était convenu que les créanciers recevraient directement les sommes dues au failli ; ce qui les autorisait à nommer un gérant pour recevoir des débiteurs et les poursuivre en cas de non-paiement. Ce gérant avait dès lors à recevoir le compte des syndics relativement aux sommes dont ils pouvaient rester débiteurs. Les questions soulevées aux débats devaient recevoir la solution que la cour de Rouen leur a donnée. C'est un cas particulier qui ne saurait tirer à conséquence.

Nous remarquerons, en second lieu, que l'arrêt n'étend pas sa décision au failli ; et cela se conçoit : le failli n'était pas en cause ; le débat lui était étranger. Mais si le syndic avait commis des dégradations

(2) Sirey 30-2-344.

sur les biens du failli ; s'il eut laisser périmer quelque action, perdre quelques droits , et que le représentant des créanciers ne lui en eût pas demandé compte ; le failli aurait , incontestablement , le droit d'agir contre les syndics, sans que ceux-ci pussent lui opposer la décharge du gérant.

Enfin, nous remarquerons que l'arrêt ne juge pas qu'en principe on peut enlever au failli, par une clause du concordat, et l'administration des ses biens et le droit de demander compte aux syndics. La cour n'était point appelée à se prononcer sur cette question , et, si elle eut eu à s'en occuper, il est probable qu'elle ne l'eut point décidée dans le sens de l'opinion de Bédarride.

Le concordat n'est point un contrat ordinaire dans lequel il soit permis d'introduire toutes sortes de clauses. Si les créanciers peuvent y stipuler des garanties pour eux , il est clair que leur droit ne va pas jusqu'à retenir l'administration des biens du failli pour la confier à un tiers de leur choix. Une pareille stipulation détruirait le concordat qui a précisément pour objet de terminer la faillite, en remettant le failli à la tête de ses affaires : ou bien elle serait un abandon de biens indirectement convenu, ce qui n'est pas permis. Cet abandon, s'il a lieu, doit être formellement exprimé dans le contrat.

Après le concordat, les créanciers sont sans qualité et sans intérêt à ce que les syndics rendent leur compte à d'autre qu'au failli, et l'on ne voit pas comment et à quel titre ils pourraient obliger les syndics à soumettre à des tiers le règlement de leur comptabilité. Si semblable clause existait dans le concordat, on devrait la considérer comme une stipulation au profit des syndics, qui auraient intérêt à éviter les investigations du failli ; et comme les syndics, en tant que syndics, ne sont pas partie au concordat, la stipulation serait sans effet aux termes des articles 119 et 121 du code civil.

Et, d'ailleurs, le texte de l'article 519 ne condamne-t-il pas de telles stipulations ? Il commande aux syndics de rendre compte au failli; il leur ordonne de lui remettre ses biens, livres et papiers; et cela sans restriction, d'une manière absolue, comme pour faire entendre que rien ne peut faire obstacle à l'accomplissement de cette double obligation.

129. Cet arrêt de la cour de Rouen juge aussi que le juge-commissaire a pu assister au compte rendu par le gérant, et au jugement sur les difficultés de ce compte, sans qu'il y ait nullité du jugement.

Dans l'espèce, le gérant rendait compte aux créanciers qui l'avaient nommé. Il est vrai de dire, dès lors, que les fonctions du juge-commissaire ayant cessé par l'apurement du compte du syndic, sa présence n'était pas nécessaire pour la validité du compte du gérant. Mais, dès que les parties l'avaient accepté pour médiateur, ou consenti à sa présence au compte, il n'y avait pas, il ne pouvait pas y avoir, dans cette circonstance, une cause de nullité du compte.

Quant à la nullité du jugement par suite de la participation à ce jugement de l'ancien commissaire de la faillite, il était absurde de la demander. Il n'y a point de loi qui oblige le juge, qui a été commissaire dans une faillite, de se récuser sur le jugement des contestations qui peuvent subvenir entre les créanciers de cette faillite et les syndics, gérants ou administrateurs qu'ils s'étaient donnés.

130. Un autre effet du concordat, par rapport au failli, est de le libérer, jusqu'à due concurrence de tout ce dont les créanciers lui font remise. Cela est est vrai, même à l'égard des créanciers qui n'ont pas figuré au concordat. Cette libération n'est définitive, aux yeux de la loi civile, qu'en ce sens que, lorsque le failli a satisfait à toutes les promesses du concordat, il ne peut plus être recherché ni poursuivi pour le surplus de sa dette, quelle que soit la valeur des biens qui lui adviennent ou qu'il acquiert. Mais, s'il veut effacer le passé, rentrer dans la plénitude de ses droits, faire oublier sa qualité de failli, en un mot, conquérir sa réhabilitation, il est obligé de payer l'intégralité de sa dette en capital, intérêts et frais.

Il y a plus, la loi naturelle lui fait un devoir de payer, au-delà des dividendes stipulés dans le concordat, tout ce que sa position lui permet d'y ajouter , même alors que la somme serait insuffisante pour opérer sa complète libération. Il ne doit jamais oublier que les remises consenties par ses créanciers n'ont pas été purement volontaires de leur part. Elles sont un sacrifice fait dans son propre intérêt, et avec l'espérance qu'il les en indemnisera dès qu'il en aura les moyens.

131. Si le concordat libère le failli , il ne libère pas ses co-obligés et ses cautions. Cela faisait question avant la loi de 1838 , du moins en ce qui concernait la portion de la dette du failli, dont le créancier faisait la remise dans le concordat. Mais aujourd'hui la difficulté est tranchée par l'article 545 qui réserve au créancier concordataire son action contre les co-obligés pour la totalité de sa créance.

Le projet primitif faisait une distinction entre le créancier qui avait accepté le concordat et celui qui n'y avait pas concouru. A celui-ci seulement il accordait son recours, pour toute sa créance, contre les co-obligés et les cautions du failli (1). Cette distinction paraissait juste ; car enfin le créancier qui stipule au concordat accepte le failli pour débiteur de la portion de sa créance dont il ne lui fait pas la remise , et il s'engage à ne lui rien répéter au-delà du dividende convenu dans le contrat. Est-il juste qu'il ne subisse pas les conséquences de cet engagement ? Lui accorder son recours pour le tout , c'est l'auto-

(1) Renouard , p. 188 , et Bédarride , p. 885 et suiv.

riser à obliger les cautions et les co-obligés, sans leur participation, à accepter un dividende illusoire, consenti sans précautions, sans garanties ; à se prêter aux désirs du failli , à le favoriser même. Que lui importe en effet et le dividende et les garanties et les ressources du failli ! Il n'a pas à s'en préoccuper , certain qu'il est d'être intégralement payé par les co-obligés ou par la caution.

Les motifs que l'on a donnés pour faire cesser la distinction écrite dans le projet de loi, nous paraissent rien moins que fondés. Si le créancier principal , a-t-on dit , ne peut pas figurer au concordat sans modifier son droit contre les co-obligés et les cautions du failli, il s'éloignera des délibérations, et il deviendra impossible de réunir la majorité en nombre ou en sommes; on sera obligé d'abandonner le concordat à la discrétion de quelques créanciers.

Ni l'un ni l'autre danger n'était sérieusement à craindre.

Il n'y a pas nécessité absolue que ce soit le créancier principal qui affirme la créance et qui figure au concordat. L'un et l'autre droit peut certainement être exercé ou par le co-obligé ou par la caution qui a désintéressé le créancier. Nous ne pensons pas que cela soit mis en doute. Eh bien! de deux choses l'une ; ou le co-obligé est solvable , ou il ne l'est pas. S'il est solvable , le créancier principal lui demande son paiement ou une garantie, dans le cas où

la dette ne serait pas encore échue , et il lui remet
son titre pour qu'il fasse valoir ses droits dans la
faillite. S'il n'est pas solvable , le créancier se présente à la faillite et concourt au concordat pour obtenir du failli le plus fort dividende possible. Lui
conserver , dans ce cas , son recours contre le co-
obligé pour le surplus seulement de sa créance , ce
n'est certes pas lui causer du préjudice. On conviendra que le créancier , qui consulte son intérêt avant
d'agir , ne s'impose les embarras , les soucis , les
frais même qui naissent des actes de la faillite que
lorsque le co-obligé ou la caution du failli ne lui présente ni solvabilité ni garantie suffisante. Le danger
n'était donc pas où on a cru le voir.

Le véritable danger , selon nous , est dans la faculté laissée au créancier principal de recourir contre
le co-obligé ou la caution non-seulement pour la
somme dont il fait remise, mais encore pour le dividende qu'il stipule dans le concordat. Nous démon-
trerons mieux cette vérité en prenant l'exemple
même donné par Renouard. Un banquier fait faillite ;
les créanciers sont pour la plupart, comme cela arrive
souvent, les porteurs d'effets de commerce revêtus de
plusieurs signatures , de plusieurs endossements. Ils
dominent dans l'assemblée ; ils sont les maîtres du
concordat. Avertis qu'ils sont que, quel que soit le dividende qu'ils acceptent , leur créance est conservée
pour le tout par le recours contre tous les autres si-

gnataires et endosseurs de leur titre , ils font bon marché des intérêts de ceux-ci , en accueillant les propositions du failli, quelles qu'elles soient, et sans exiger de garanties. Ainsi la loi permet au créancier de sacrifier les intérêts des co-obligés, des cautions selon son vouloir et sans utilité pour lui-même. Ainsi, en même temps qu'elle consacre une injustice, la loi viole le principe que nul ne peut stipuler que pour soi , ses héritiers ou ayant cause.

132. Quoi qu'il en soit , la loi doit être sainement appliquée. Plus elle est rigoureuse, plus il devient nécessaire de bien rechercher sa volonté , de bien se pénétrer de son esprit.

S'il est vrai qu'elle ait voulu conserver son recours pour toute sa créance au créancier qui vote le concordat, comme à celui qui est obligé de se soumettre à la décision de la majorité , elle n'a certes pas entendu lui donner la faculté d'agir arbitrairement contre tous les co-obligés indistinctement et dans tous les cas , ni les affranchir de toute responsabilité envers les cautions. Elle a compris qu'il y a des distinctions à faire , soit relativement aux personnes en faillite , soit par rapport aux cautions.

133. Quant aux personnes, elle suppose, évidemment et toujours, la faillite du débiteur principal, et, à ses yeux , celui-là est le créancier qui est actuellement porteur de l'effet de commerce, c'est-à-dire, celui des endosseurs qui a fait le remboursement et

qui se trouve naturellement appelé à exercer son recours contre le failli.

En effet, on doit nécessairement supposer de la corrélation dans les idées, dans les pensées qui animent le législateur lorsqu'il écrit la loi, et ne pas lui faire l'injure de croire qu'il a disposé pour des cas invraisemblables, avec l'intention de conférer des droits inutiles, ou dont l'exercice serait la violation des règles de l'équité et de celles qu'il a déjà établies.

Considérant d'abord les créanciers d'une faillite comme étant en état d'union, il prévoit le cas où quelques-uns d'entre eux se trouvent engagés dans plusieurs faillites pour la même créance, et il leur donne le droit de participer aux distributions dans toutes les masses et d'y figurer pour la valeur nominale de leur titre, jusqu'à parfait paiement, sans recours possible d'une masse contre l'autre ; si ce n'est dans le cas où la réunion des dividendes excède le montant total de la créance en capital et accessoires. Mais il a le soin d'ajouter que ce recours ne peut exister qu'au profit de la masse du co-obligé qui a un *autre co-obligé pour garant*. (Art. 542 et 543).

Il prévoit ensuite le cas où le créancier a reçu, de l'un des co-obligés ou d'une caution, un à-compte sur sa créance avant l'ouverture de la faillite, et il règle qu'en ce cas, le créancier ne pourra figurer à la faillite que pour ce qui lui restera dû, le co-obligé et la caution y étant admis pour tout ce qu'ils ont payé à la *décharge du failli*. (Art. 544).

Évidemment on ne peut pas faire l'application de ces dispositions, si le débiteur principal n'est pas en faillite.

Quand donc la loi suppose que les créanciers délibèrent un concordat, ce doit être réellement dans la même prévision de la faillite du débiteur principal et de tous ou de quelques-uns de ses co-obligés, ou d'un à-compte payé, soit par le co-obligé, soit par la caution, avant la déclaration de la faillite.

Et de fait, quel intérêt a le créancier à figurer dans la faillite d'un co-obligé, alors que le débiteur principal est debout et peut le rembourser à sa première demande? Dans quel intérêt stipulerait-il au concordat? Ce n'est pas dans le sien, puisqu'il sera désintéressé par le débiteur principal. Ce n'est pas non plus dans l'intérêt de celui-ci, puisqu'il n'a et ne peut avoir aucun recours contre la faillite.

134. Nous allons plus loin; il est dans l'esprit de la loi qu'alors même que le débiteur principal et quelques-uns de ses co-obligés sont en faillite, le créancier n'a le droit de s'immiscer dans l'une et dans l'autre faillite, qu'après avoir mis en demeure ceux des co-obligés dont la faillite n'est pas déclarée. Pourquoi? parce que le véritable créancier d'une faillite est celui qui est exposé à perdre tout ou partie de sa créance. La loi, pas plus que la raison, ne

saurait concevoir l'introduction dans une faillite de celui qui se trouve en présence d'un obligé solvable, s'il n'y vient pas pour protéger des intérêts autres que les siens. Pour bien apprécier cette proposition, il suffit de se rappeler que le temps employé aux formalités préliminaires de la faillite et à la vérification des créances est bien plus long que les délais accordés au porteur d'un effet de commerce pour agir utilement contre les endosseurs ou les donneurs d'aval. Il a donc dû exercer son recours lorsqu'arrive le jour du concordat ou de la répartition, et s'il demande à y participer, il y a présomption qu'il est personnellement désintéressé, lorsqu'il existe quelques-uns des endosseurs qui ne sont pas en faillite, parce qu'ils ont dû payer ou donner des garanties pour éviter des poursuites qui eussent amené contre eux la déclaration de faillite, s'ils sont commerçants, ou constaté leur insolvabilité, s'ils ne le sont pas.

Ou nous nous trompons grandement, ou la pensée de l'article 544 confirme la nôtre. En prévoyant le cas où un à-compte a été payé, avant l'ouverture de la faillite, pour n'y admettre le créancier que jusqn'à concurrence de ce qui lui reste dû, cet article indique, d'une part, que le co-obligé n'a pas pu se libérer définitivement depuis l'ouverture de la faillite, et, d'autre part, que le créancier complètement dé-. intéressé depuis la déclaration de faillite ne doit plus être admis aux opérations de cette faillite.

Concluons donc : La loi, dans toutes ses dispositions, suppose la faillite du débiteur principal, et n'admet le créancier à la faillite d'un co-obligé ou d'une caution, qu'autant que le débiteur principal et tous les co-obligés sont insolvables.

135. On nous objectera peut-être que c'est là une vérité en quelque sorte élémentaire, qu'il n'était pas nécessaire de prouver. Nous répondrons, d'abord, que les commentateurs donnent à la loi une expression si générale, qu'il paraît être dans leur pensée que, quel que soit le failli, le porteur d'un engagement solidaire entre plusieurs, a le droit de se présenter à la faillite, de stipuler au concordat, et néanmoins de conserver son recours pour le tout contre chacun des autres obligés.

Nous répondrons, ensuite, que la prétention d'un porteur d'effets de commerce de prendre part à la faillite de l'un des co-obligés alors que le souscripteur est solvable, n'est point une hypothèse que nous créons exprès pour nous donner le soin de la combattre. Il y a quelques années, devant le tribunal de commerce de Nantes, le porteur d'un billet à ordre prétendait au droit de prendre part à la répartition dans la faillite d'un endosseur de ce billet, quoique le souscripteur, qui était un commerçant, ne fût pas en faillite. Les syndics, sans élever de fin de non-recevoir contre sa demande, lui opposaient seulement le paiement partiel qu'il avait reçu, selon eux , ce qu'il ne reconnaissait pas , de la famille du souscripteur alors absent ; paiement qui , étant fait au nom du débiteur principal , éteignait la dette jusqu'à concurrence de la somme versée. — Nous ignorons ce que le tribunal a décidé. — A notre avis, la demande était non-recevable, parce que l'insolvabilité du souscripteur n'étant pas établie , il y avait présomption suffisante que le porteur était désintéressé (1).

136. Ainsi l'article 545 doit s'entendre comme s'il était dit : nonobstant le concordat avec le débiteur principal , le créancier aura le droit de figurer dans la faillite de chaque co-obligé pour la valeur nominale de son titre , sauf dévolution s'il y a lieu, comme il est dit en l'article 543. S'il avait reçu un àcompte de l'un des co-obligés avant l'ouverture de la faillite, il n'aura de recours sur chaque masse que jusqu'à concurrence de ce qui lui restera dû.

137. On peut se demander par suite quel est le droit du créancier qui a reçu, d'un co-obligé, un

(1) L'opinion publique était , si notre mémoire est fidèle , que le porteur des billets avait traité avec la famille du souscripteur (momentanément absent) , qui l'avait payé en partie et lui avait donné des garanties pour le surplus ; mais à la condition qu'il se présenterait à la faillite pour en obtenir tout ce qu'il pourrait. Il est évident que , s'il y eût eu concordat, le créancier eût stipulé pour un intérêt qui n'était pas le sien. C'est un exemple du danger que nous avons signalé.

à-compte depuis la déclaration de faillite. — Il est clair qu'il n'a pu recevoir cet à-compte que d'un co-obligé solvable avec lequel il serait présumé avoir pris des arrangements pour le surplus de la créance. Désormais, il aurait ce co-obligé pour seul débiteur: il devrait être écarté des autres faillites.

138. Il est à remarquer, ce que n'ont pas fait les commentateurs, que la disposition de l'article 545 paraît s'appliquer seulement aux co-obligés. Les cautions n'y sont point nommées, et ce ne peut être qu'à dessein. On ne peut pas supposer un oubli, puisque l'article qui précède a le soin de distinguer la caution du co-obligé, bien qu'il la soumette au même recours.

Quoique l'on puisse dire qu'absolument parlant, la caution soit un co-obligé, on ne saurait disconvenir, néanmoins, qu'il y ait, entre le co-obligé proprement dit et la caution, des différences qui ont pu porter le législateur à refuser aux créanciers, contre la caution, le recours qu'il leur accorde, en certains cas, contre les co-obligés.

Le co-obligé n'est généralement engagé que parce qu'il a profité, ou est réputé avoir profité personnellement d'une partie de la dette, ou reçu la valeur exprimée dans le titre. La caution, au contraire, ne s'est obligée que pour garantir un engagement qui ne lui profite pas. Elle ne doit rien personnellement. D'un autre côté, en stipulant des garanties contre tous les co-obligés, le créancier ne s'oblige à rien envers eux. Il n'en est pas de même des garanties stipulées contre le débiteur principal; elles sont aussi dans l'intérêt de la caution, même solidaire, et le créancier est obligé de les conserver, s'il ne veut pas perdre son recours contre elle. Enfin, la caution, qui n'y a pas renoncé, a le droit de discussion qui n'appartient jamais au co-obligé.

Nous sommes donc autorisé à penser que l'article 545 ne s'applique pas à la caution, en ce sens qu'il n'ajoute rien au recours que le créancier tient de l'acte de cautionnement, et ne déroge pas aux dispositions du Code civil qui régissent les rapports de la caution avec le créancier.

139. Il résulte de cette règle, que nous croyons sûre, cette première conséquence, que le créancier, qui stipule au concordat, ne conserve son recours contre la caution que pour l'excédant de sa créance sur le dividende promis par le failli. D'autres diraient peut-être que c'est relativement à cet excédent que le créancier perd son recours, par la raison qu'il en tient quitte le débiteur failli. Ce serait, ce nous semble, mal comprendre l'économie de la loi. Le créancier qui stipule un dividende dans le concordat n'est pas plus réputé renoncer à son recours contre la caution, pour le surplus de ce qui lui est dû, que celui qui reçoit un dividende dans la répartition des deniers du failli n'est censé faire la remise du reste. Dans l'un comme dans l'autre cas, le créancier obéit

à une sorte de nécessité, et la caution ne peut pas s'en plaindre, puisqu'il la décharge de tout ce qu'il reçoit.

Sans doute, on ne nous contestera pas que le créancier, qui reçoit un dividende dans la répartition, ne peut plus demander à la caution la totalité de sa créance. Pourquoi en serait-il autrement de celui qui accepte un dividende dans le concordat ? S'il ne reçoit pas immédiatement ce dividende, s'il en reste créancier, il n'en a pas moins accepté le failli pour débiteur ; il suit sa foi. Son titre contre lui n'est plus le même ; il a fait novation pour cette partie de sa créance. Il a donc perdu son recours quant à ce, et cela volontairement et sans se nuire ; car, évidemment, il ne figure à la faillite que parce qu'il se trouve en présence d'une caution dont la solvabilité est au moins douteuse.

140. Une autre conséquence résulte aussi de la règle que nous avons établie ci-dessus. Si la créance cautionnée est garantie par une hypothèque sur les biens du failli, et que le créancier renonce à cette hypothèque pour se porter créancier purement chirographaire, il perd tout recours contre la caution, non pas absolument, comme le prétend Bédarride(1), mais selon les circonstances. Sa conduite doit influer sur son droit. S'il agit légèrement, avec précipitation

______

(1) Le seul qui ait entrevu cette difficulté, tome 2, n° 890.

ou mauvaise foi, il cause volontairement à la caution un préjudice qui le rend non recevable à exercer son recours contre elle. C'est le cas d'appliquer l'article 2037 du Code civil. Mais, si le privilége ou l'hypothèque ne pouvait produire aucun effet utile ; si la renonciation du créancier ne change rien à la position de la caution, le recours doit être admis. Le créancier est alors réputé avoir pris le seul parti convenable pour assurer la rentrée d'une partie de sa créance. Loin d'en souffrir, la caution profite de ce que le créancier reçoit.

141. Cette solution devrait-elle s'appliquer au cas où ce serait un co-obligé qui se plaindrait de la renonciation du créancier à son privilége ou à son hypothèque ? Nous ne le pensons pas. Entre co-obligés, la dette se divise, même la part de l'insolvable. L'hypothèque sur les biens de cet insolvable n'a été stipulée qu'au profit du créancier seul qui n'est pas, par conséquent, obligé de la conserver dans l'intérêt de ses co-débiteurs. Il est vrai que le co-obligé solidaire qui paie toute la dette a la subrogation légale en tous les droits du créancier ; mais cela doit s'entendre des droits qu'a le créancier au moment du paiement, et non de ceux qu'il avait antérieurement. Pour admettre une solution contraire, il faudrait supposer que l'hypothèque consentie par le failli l'a été aussi au profit de tous les co-obligés.

142. Nous devons remarquer aussi, ce que n'ont

pas fait les commentateurs, que l'article 545 n'est applicable que lorsque les co-obligés du failli sont obligés solidairement avec lui. Cela se conçoit facilement. Lorsqu'il n'y a pas solidarité entre tous les débiteurs, le créancier n'a d'action contre chacun d'eux que pour sa part et portion dans la dette. Le parti qu'il prend dans la faillite du débiteur principal ou dans celle de l'un des co-obligés, ne peut pas lui donner contre les autres un recours qu'il n'avait pas dès l'origine de l'engagement.

143. Nous avons dit que, dans le cas de faillite du débiteur principal ou de ses co-obligés, le créancier pourrait concourir au concordat, dans chaque faillite, pour la totalité de sa créance, sans qu'une masse puisse recourir contre un autre, sauf le cas prévu par l'article 543. — Cela a besoin d'explication, d'autant mieux que l'article 567 ne peut recevoir d'application absolue que lorsqu'il s'agit de la répartition entre les créanciers. Nous avons voulu dire que, dans la dernière faillite où il figure, le créancier n'a le droit d'exiger, dans le dividende qui serait consenti par le failli, que ce qui lui revient pour compléter sa créance, et que le surplus est dévolu à ceux des co-obligés qui, dans l'ordre des engagements, ont une garantie à exercer. Mais il ne faut pas conclure de là que le co-obligé, qui paie un dividende, n'ait pas de recours contre les co-obligés qui sont ses garants ou contre le débiteur principal.

Ce recours lui appartient, non pour toute la somme qu'il paie, mais pour le dividende que cette somme doit produire, d'après le concordat du débiteur principal ou du co-obligé garant. Nous le pensons ainsi, parce que le motif qui a déterminé la disposition de l'article 543 n'existe pas lorsque toutes les faillites se terminent par un concordat. Dans l'état d'union, le recours d'une masse contre une autre masse serait évidemment préjudiciable au créancier ; tandis que les recours d'un failli concordataire contre son débiteur ou co-obligé également concordataire, ne fait subir aucune réduction auxdividendes que le créancier a obtenu dans chaque faillite.

144. De ce que le failli est libéré envers ses créanciers de tout ce dont ils lui font remise dans le concordat, s'en suit-il que, s'il vient à la succession de l'un de ses créanciers, il doive le rapport, à ses co-héritiers, du montant de la remise dont il a profité ?

Cette question est d'uue solution fort délicate, selon les auteurs, et il est de fait qu'elle divise des esprits éminents, dont la doctrine est toujours une autorité imposante, et que les cours et tribunaux l'ont diversement jugée. L'affirmative paraissait devoir l'emporter (1), lorsqu'un arrêt de la cour de cassa-

(1) Pothier, des successions, ch. 4. — Merlin, répert. jur., v. *rapport à succession*, § 2. — Duranton, tom. 7, n° 310. — Grenier, des *donations*, n° 522. — Dalloz,

tion est venu prêter son puissant appui à ceux qui tiennent pour la négative.

Ce serait peut-être trop présumer de nous-même que de regarder cette question comme peu difficile, d'après les dispositions de la loi sur les rapports, alors qu'elle a exercé le savoir et la sagacité des magistrats et des commentateurs les plus savants.

Cependant nous trouvons que l'article 843 du code civil, rapproché des dispositions du même code qui s'y réfèrent, repousse invinciblement les prétentions des co-héritiers du failli.

L'héritier, dit cet article, doit le rapport de tout ce qu'il a reçu du défunt par *donation entre-vifs*, directement ou indirectement.

Quoique cette disposition, tout explicite qu'elle soit, soulève, comme toutes celles sur les rapports, des difficultés sérieuses, on ne disconvient pas du moins qu'elle ne reçoit d'application que lorsque le défunt a manifesté, d'une manière quelconque, l'intention de faire un avantage à l'un de ses héritiers.

Or, peut-on raisonnablement soutenir qu'un prêt

dict. gén., v. *succession*, p. 422. — De Saint-Naixent, des faillites, n° 445. — Arrêts de Bordeaux, Sirey, 27-2-241, — de Paris, 13 août 1829, et 11 janvier 1842. — Dalloz, recueil, 40-2-3, et 43-2-171. — Vazeilles, des *successions*, art. 853. — Lainné, p. 249. — Renouard, tom. 2, p. 72. — Arrêt de la cour de cassation, 23 août 1843.

fait à l'héritier avec stipulation d'intérêts ou de garanties soit pour cet héritier un avantage, dans le sens de la loi ?

L'héritier qui emprunte devient le débiteur de la somme empruntée ; il est obligé de la restituer soit au prêteur lui-même, soit à sa succession. S'il la restitue à la succession, c'est un paiement qu'il fait ; ce n'est pas un rapport qu'il opère. Autrement il serait vrai que les créanciers et les légataires du créancier seraient sans droit sur les sommes qu'il aurait prêtées à ses héritiers. Si la loi a voulu aller jusque là, on peut justement lui reprocher d'avoir créé, pour un débiteur de mauvaise foi, le moyen de soustraire ses capitaux à l'action de ses créanciers, sans se dépouiller lui-même, sans rien perdre de leurs produits.

Elle ne mérite pas ce reproche. Non seulement elle n'a pas entendu soumettre au rapport les sommes prêtées à l'héritier ; mais encore, prévoyant un cas qui aurait pu laisser du doute sur sa pensée et faire naître la difficulté, elle a eu le soin de s'exprimer de manière à ce qu'on ne se méprit pas sur ses intentions. Le rapport est dû, écrit-elle dans l'article **851**, de tout ce qui a été *employé* pour l'établissement de l'un des héritiers ou pour le *paiement* de ses dettes.

Employé, remarquons-le bien, et non pas *donné*, et non pas *prêté* à l'héritier pour qu'il paie lui-même ses dettes. La loi suppose que le défunt a personnellement, et de ses deniers, acquitté les dettes de l'héritier, sans exiger de lui l'obligation de rembourser ; comme il arrive souvent de la part d'un père à l'égard de son fils. Et cet emploi des deniers du père, la loi le considère comme un *avancement d'hoirie* dont le fils doit faire le rapport à ses co-héritiers.

On argumente, il est vrai, de l'article 829 du même code, qui oblige chaque héritier à rapporter à la masse tout ce dont il est débiteur. Evidemment c'est donner à cet article une portée qu'il n'a pas.

De deux choses l'une, ou le mot *débiteur* est employé ici dans un sens général, ou il doit être pris *subjectâ materiâ*.

Si dans un sens général, l'article 829 s'applique, non pas seulement aux sommes que l'héritier aurait empruntées du défunt, mais encore à tout ce qu'il devrait à titre d'indemnité, de restitutions, de jouissances, ou pour toute autre cause. De sorte que ni les créanciers, ni les légataires du défunt, ne pourraient exercer leur droit, même sur les sommes que l'héritier aurait perçues depuis l'ouverture de la succession. Nous ne pensons pas qu'un esprit sérieux entreprenne jamais de démontrer qu'une telle conséquence découle virtuellement des termes de l'article 829 et de la pensée qui l'a dicté.

Il faut donc entendre le mot *débiteur*, *subjectâ materiâ*, c'est-à-dire, des sommes dont l'héritier est *débiteur* à titre de rapport. L'article 829 s'en explique assez clairement d'ailleurs , puisqu'il dit que l'héritier rapportera, *selon les règles qui seront ci-après établies.* Ces règles sont celles sur les rapports , sans nul doute. Donc, c'est dans les articles 851 et suiv., qu'il faut chercher de quelles sommes l'héritier doit le rapport à titre d'héritier. Le soin qu'a pris le législateur de se servir , dans ces articles, des expressions : le *rapport est dû*, le *rapport n'est pas dû,* indique bien leur corrélation avec l'article 829 ; ils en expliquent le véritable sens.

145. Nous pourrions dire au surplus que, dans l'article 829 , le mot *rapport* n'est pas pris dans le même sens que dans les articles 843 et suivants. On le sait , dans notre langue , nous n'avons souvent qu'un même mot pour exprimer des idées distinctes, différentes, quelquefois même opposées. Le législateur qui avait à trouver l'expression qui rendît clairement la volonté où il était, d'une part, que l'égalité entre héritiers ne fût pas rompue par des dons directs ou indirects faits à l'un d'eux à titre de simple avancement d'hoirie , et , d'autre part , que tout ce qui appartient à une succession, à une communauté, à une société , fût réuni en une seule masse qui serait partagée entre les ayant-droit , n'en a pas rencontré d'autre que le mot *rapport* qui fût plus propre à faire comprendre l'espèce d'obligation que, dans l'un et l'autre cas, il entendait imposer aux co-par-

tageants. C'est ainsi que , lorsqu'il s'occupe de la masse active d'une succession , d'une communauté, d'une société , il emploie le mot *rapport* (art. **829** , **1468** et **1469**), pour exprimer l'obligation qu'il impose à chaque ayant-droit , de rendre à cette masse tout ce qu'il lui doit à un titre quelconque. C'est ainsi qu'au moment de régler le partage d'une succession , il se préoccupe de l'égalité qui doit régner entre les co-héritiers , et qu'il se sert du **mot** *rapport* pour soumettre chaque héritier à l'obligation de restituer , non ce qu'il doit par suite d'un engagement ou d'un fait personnel , mais les dons , les avantages que le défunt lui a faits de son vivant. **On** peut donc dire que, de même que la doctrine reconnaît deux sortes de représentations, l'une à l'effet de succéder , et l'autre à l'effet de partager ; de même il y a deux sortes de rapports, l'un à l'effet de rétablir l'égalité entre co-héritiers, et l'autre à l'effet de composer la masse à partager. C'est évidemment dans ce dernier sens que le rapport est ordonné dans les articles **1468**, **1469**, et, pouvons-nous ajouter, dans l'article **829** ; tandis que dans les articles **843** et suiv. il est prescrit uniquement pour rendre les co-héritiers indemnes des dons et des avantages faits par le défunt à l'un d'eux. Dans ce cas, le rapport se fait à l'héritier ; dans l'autre , il se fait à la masse de la succession, de la communauté ou de la société. Aussi, les effets qu'il produit sont-ils différents. C'est là une vérité dont on n'exigera pas sans doute que nous fassions la démonstration.

146. L'interprétation que nous donnons à l'article 829 se trouve implicitement consacrée par l'arrêt de la cour de cassation ci-dessus cité.

« *Attendu* , porte le premier considérant, attendu
» que de la combinaison des articles 829 et 843 du
» Code civil, il résulte que tout héritier venant à la
» succession doit rapporter à ses co-héritiers tout ce
» qu'il a reçu du défunt par donation entre-vifs, di-
» rectement ou indirectement, et toutes les sommes
» dont il est débiteur ; que même *à l'égard de ces*
» *dernières , c'est moins un rapport qu'il fait que le*
» *paiement de la dette dont il se trouve chargé envers*
» *la succession...* »

Oui, c'est moins un rapport qu'un paiement que fait tout co-partageant qui se trouve débiteur de la succession , de la communauté , de la société à laquelle il prend part; ou plutôt c'est un rapport à l'effet de rendre à la masse tout ce qui lui appartient.

147. Si donc l'héritier débiteur a fait faillite avant l'ouverture de la succession , et que le défunt ait ou non figuré au concordat , il ne reste débiteur envers la succession que de la portion de dividende qu'il n'a pas encore acquittée. La remise qui lui a été faite est affranchie du rapport, parce qu'elle n'est point un avantage , un don qui lui a été fait par le défunt. Celui-ci, comme les autres créanciers , a subi la loi de la nécessité Son consentement , s'il l'a donné, n'a pas été purement volontaire. Dans aucun temps , il n'a eu l'intention de faire un avantage à son héritier , ou plutôt, comme le dit la cour de cassation , le prêt a été consenti bien plus à l'avantage du prêteur qn'à l'avantage de l'héritier.

148. Il y a, dans cet arrêt de la cour de cassation , un considérant qui peut faire naître une difficulté. Attendu, y est-il dit , qu'il a été déclaré en fait , par l'arrêt attaqué , que le prêt dont s'agit n'a pas été fait dans *l'intérêt personnel* de l'héritier , mais moyennant un intérêt de six pour cent, etc. ; expressions qui semblent conduire à cette conséquence que , si le prêt avait été fait sans stipulation d'intérêts , il serait réputé fait à l'avantage de l'héritier, qui , en ce cas , serait tenu au rapport.

Mais de quoi serait le rapport ? Est-ce du capital ou des intérêts seulement ? Nous pensons, et l'arrêt n'infère pas précisément le contraire , que les intérêts seuls sont rapportables. Ils sont en effet le seul avantage que l'héritier reçoit ou retire du contrat de prêt. Ce contrat ne change pas de nature ; il ne devient pas une donation par cela seul que le prêteur n'exige pas d'intérêts. Il suffit que la somme prêtée soit exigible à une époque quelconque pour que l'article 843 ne soit pas applicable. Seulement, la dispense de payer des intérêts constitue un profit que l'héritier retire gratuitement de la convention dès son origine, et c'est ce profit qui est rapportable aux termes de l'article 853.

149. On pourrait voir aussi un prêt tout à l'avantage de l'héritier dans le cas où le père aurait versé ses fonds dans les affaires déjà embarrassées de son fils, avec la certitude de les perdre. Cette hypothèse occupe plus spécialement les auteurs dont nous combattons le sentiment. Il est toujours bon, disent-ils, qu'un père vienne au secours de son fils quand ses affaires, devenues mauvaises, menacent la famille d'une catastrophe qui entraîne après elle une sorte de déshonneur. Ce qu'il va perdre, il le sacrifie pour conjurer l'orage. Les créanciers du fils en profitent ; les sommes versées allègent les charges de la faillite, si elle se déclare. Serait-il juste que les créanciers pussent, après le décès du père, agir sur la portion de son héritage revenant au failli, en s'opposant au rapport demandé par ses co-héritiers ? Ne serait-ce pas leur allouer une seconde fois des valeurs dont ils ont déjà profité ?

Ces motifs d'accorder le rapport, dans l'hypothèse, nous paraissent plus spécieux que solides. Supposer que le père verse des fonds dans les affaires de son fils pour conjurer une faillite imminente, c'est avouer que la somme versée a été suffisante pour empêcher la déclaration immédiate de la faillite. De là cette double conséquence, que le père n'a pas agi avec la certitude de perdre, mais plutôt dans l'espérance de rétablir les affaires de son fils , et que la faillite ne venant qu'un certain temps après le versement , il est clair que les créanciers de la faillite ne sont pas ceux qui ont profité des sommes versées, ou que du moins ils n'y figurent pas pour la même créance. Il est d'autant moins vrai que les créanciers de la faillite aient profité des fonds versés par le père ou que les charges de la faillite aient été allégées , que les auteurs supposent que le père a figuré au concordat et y a stipulé un dividende.

Il faut donc chercher dans d'autres considérations la solution de la difficulté, soit en faveur des héritiers, soit au bénéfice des créanciers. Le père qui veut venir au secours de son fils ne doit pas oublier ses autres enfants ; il dépend de lui d'agir de manière à sauver leurs intérêts et, en même temps, ceux de son fils. Si donc , il emploie ses fonds à payer lui-même les créanciers de son fils , sans exiger de lui l'obligation de le rembourser à une époque déterminée ou indéterminée , le rapport sera dû par le fils à ses co-héritiers de toute la somme avancée. Si , au contraire, il verse les fonds aux mains de son fils pour qu'il paie lui-même ses dettes ou pour qu'il rétablisse ses affaires , le rapport sera dû ou ne sera pas dû selon que le père aura ou n'aura pas exigé un acte obligatoire de son fils. — L'absence du titre constitue un don manuel essentiellement rapportable. Le contrat obligatoire , au contraire , constitue une créance au profit de la succession. Créance qui doit figurer à la masse active comme la créance contre une personne étrangère à la succession. Conséquemment, les créanciers de la faillite, en intervenant au partage, ont droit à la portion de biens qui revient au failli, déduction faite, ou pour parler plus exactement, y compris sa part dans la créance dont il est le débiteur.

150. Jusqu'ici nous avons supposé que le prêteur, dont la succession est ouverte, avait figuré dans la faillite de l'emprunteur et avait stipulé au concordat. Si nous supposons qu'il ait négligé de faire vérifier et d'affirmer sa créance, l'emprunteur devenu son héritier devra-t-il le rapport ? Il le devra, non pas de toute la somme empruntée, mais d'un dividende égal au dividende promis aux autres créanciers. On ne peut pas révoquer en doute que l'éloignement d'un père ou d'un oncle de la faillite de son fils ou de son neveu qu'il avait constitué son débiteur, ne fasse profiter celui-ci de tout ce qu'il eût pu retirer de sa faillite. C'est un avantage indirect qu'il lui fait ou plutôt une remise complète de la dette.

151. Une espèce nous a été soumise comme présentant une difficulté sérieuse. Un père s'était engagé pour son fils et avait fini par prendre la dette pour son compte ; il l'avait payée. Plus tard, le fils fit faillite. Quoiqu'il n'eut exigé aucune reconnaissance, aucune obligation de son fils, le père fut

compris dans la faillite d'office par son fils qui lui
demanda ensuite sa procuration pour faire vérifier et
affirmer sa créance, et cela dans le propre intérêt de
lui, failli, dit la lettre de demande. La procuration
fut donnée, à ce que l'on croit. Après le décès du
père, les co-héritiers demandèrent le rapport au failli
de la somme qui avait été employée à payer sa dette.
Celui-ci s'y refusa sous prétexte qu'étant débiteur et
ayant fait faillite, il ne devait pas le rapport. Nous
répondîmes, conformément aux principes ci-dessus
établis, que la somme dont on demandait le rapport
n'ayant pas été prêtée au failli, mais employée à
payer une dette qui lui était personnelle, le rapport
était dû; que d'ailleurs, dès que ses créanciers n'in-
tervenaient pas pour s'opposer au rapport, il était
sans intérêt à excepter de sa qualité de débiteur,
puisque, même à ce titre, il devait le rapport à la
masse, et qu'il était juste de lui attribuer, pour le
remplir de sa part héréditaire, la somme dont il était
débiteur. — Nous ignorons si la question viendra
devant les tribunaux.

152. Un autre effet du concordat, par rapport au
failli, est de l'obliger au paiement des dividendes qu'il
a promis, et à donner les garanties auxquelles il s'est
engagé. A défaut, par lui, de remplir l'une ou l'autre obligation, il s'expose à la résolution du concordat, comme nous le verrons ci-après.

Le failli ne doit que les dividendes et rien de plus.

Si donc il devenait le créancier de l'un de ses créanciers, celui-ci ne pourrait lui opposer la compensation que jusqu'à concurrence des dividendes encore dûs, et non pour la part de la dette dont il a fait la remise (1). Les lois naturelles seules obligent le failli à se libérer complètement, aussitôt qu'il le peut : mais une dette naturelle, qui peut bien devenir la cause d'une obligation civile, ne donne point d'action en justice, et ne saurait être, dès lors, l'objet d'une compensation.

SECTION 2me.

De l'effet du concordat à l'égard des créanciers.

153. Le concordat duement homologué devient obligatoire, dit l'article 516, pour tous les créanciers portés ou non au bilan, vérifiés ou non vérifiés, même pour ceux dont le domicile est hors du territoire continental de la France, ou qui, en vertu des articles 499 et 500, auraient été admis par provision à délibérer sur le concordat, quelle que soit la somme que le jugement définitif leur accorderait ultérieurement.

Ainsi, nulle exception. Tous les créanciers connus

(1) Ainsi jugé par la cour de cassation, le 24 novembre 1841.

ou inconnus, capables ou incapables, à quelques titres qu'ils soient créanciers, et quelle que soit la part
qu'ils aient pris au concordat, sont liés définitivement par le jugement d'homologation, et ils ne peuvent plus en demander la nullité que pour les causes
que nous signalerons dans le chapitre suivant.

154. Cette disposition absolue de l'article 516
fait cesser la controverse qui s'était élevée, sous
l'empire de l'ancien code de commerce, sur la question de savoir si le concordat était obligatoire pour
le créancier qui n'avait été ni porté au bilan ni appelé aux opérations de la faillite ; question que la
cour de cassation (1) avait jugée en faveur du créancier. Malgré notre respect pour les lumières de la
cour suprême, nous ne pouvons pas taire que sa jurisprudence était contraire au texte comme à l'esprit
de l'ancienne loi. Quoiqu'il ne contint pas tous les
détails de l'article 516, l'ancien article 524 dispo-
sait expressément que le concordat était obligatoire
pour *tous les créanciers*, expressions qui devaient
s'entendre de tous les créanciers quelconques du
failli, et non pas seulement de ceux qui se présen-
taient à la faillite. Le créancier omis, mais averti par
les insertions dans les journaux, ne devait pas être
vu plus favorablement que les créanciers domiciliés
à l'étranger ou aux colonies.

(1) Par arrêt du 17 janvier 1826. — Sirey, 26-1-194.
Autre arrêt, dans le même sens, du 24 août 1836.

L'ancienne loi aussi avait pour principe fondamental l'égalité entre les créanciers, et cette égalité était rompue dès qu'un créancier conservait le droit d'agir contre le failli pour la totalité de sa créance. L'intérêt particulier de ce créancier ne devait pas dominer l'intérêt de la masse que son action exposait à ne pas recevoir même le dividende stipulé dans le contrat.

155. Mais de ce que le concordat est obligatoire pour tous les créanciers, il ne s'en suit pas qu'il le soit pour les tiers, disent les auteurs (1). Nous avouons franchement ne pas comprendre l'utilité de cette remarque, parce que nous ne voyons pas en quoi et comment les créanciers et le failli peuvent obliger des tiers par leur consentement au traité qu'ils font entre eux. Ce que les auteurs ont voulu dire sans doute, et cela se voit par les exemples qu'ils donnent, c'est que si des tiers interviennent au concordat pour y prendre des engagements envers les créanciers, ces engagements ne peuvent pas nuire à leurs propres créanciers. De cela assurément nul ne peut douter. Le concordat n'a pas la puissance de briser ou de paralyser les engagements valablement contractés par ceux qui viennent au secours du failli. Ainsi, qu'une femme intervienne au concordat de son mari, pour faire aux créanciers l'abandon ou la cession de ses droits matrimoniaux, ou du prix de

(1) Renouard, t. 2, p. 79. — Lainné, p. 245.

ses immeubles aliénés, cette cession ne peut pas nuire à ceux de ses créanciers personnels qui auraient hypothèque sur ses biens ou qui auraient opéré des saisies avant la signification du transport aux débiteurs. C'est là ce qu'a jugé la cour de cassation dans son arrêt du 19 janvier 1820 (1). Ainsi encore, le tiers qui, dans le concordat, se rend caution du paiement des dividendes et consent des garanties sur ses biens, ne nuit point aux droits de ses propres créanciers.

156. Nous devons rappeler ici l'espèce jugée par l'arrêt que nous venons de rapporter, parce que la cour de cassation y a fait, à notre avis, une fausse application du principe vrai qu'elle consacre.

« Un sieur *Binard*, en état de faillite, passe avec
» ses créanciers un concordat dans lequel intervint
» la dame *Binard*, son épouse et son *co-obligé so-*
» *lidaire*. Un seul créancier, la dame Coeffier, ne
» signa pas ce traité dans lequel il était dit que, les
» parties voulant faire un traité à l'amiable, no-
» nobstant quelques droits qu'eût pu faire valoir la
» dame Binard, les créanciers se contentent de 15
» p. 0/0 de leurs créances, au moyen, entre autres
» choses, de la délégation que ladite dame Binard
» fait à leur profit du prix de deux maisons par elle
» vendues la somme de 28,000 fr. — La dame
» Coeffier ne fit point opposition à ce concordat qui
» fut immédiatement homologué : mais, peu de jours

(1) Sirey, 20-1-100.

» après l'homologation, elle fit pratiquer une saisie
» arrêt entre les mains des acquéreurs de la dame
» Binard. Les syndics de la faillite intervinrent dans
» l'instance en validité, et conclurent à la nullité de
» la saisie. »

Le tribunal de première instance et la cour de Rennes acceuillirent la demande des syndics par le motif que, le saisissant étant lié par le concordat, quoiqu'il ne l'eût pas signé, ne pouvait point agir individuellement sur les biens abandonnés à tous les créanciers par le concordat.

La cour de cassation a réformé cette décision en se fondant sur ce que le mari étant seul en faillite, le jugement d'homologation était étranger à ceux des créanciers de la femme qui n'avaient pas accepté le concordat.

Ce motif ne justifie pas suffisamment l'arrêt. La cour n'a été frappée que du principe que l'engagement de la femme Binard ne pouvait pas nuire à son créancier qui n'avait pas signé le concordat. Elle ne s'est pas assez préoccupée des faits qui lui eussent fait admettre d'autres considérations assez puissantes pour permettre de ne pas appliquer le principe.

En effet, la créance de la dame Coeffier n'était pas purement personnelle à la dame Binard ; elle était une dette de sa communauté tombée en faillite en la personne de son chef. La dame *Binard*, et le concordat le dit, n'était donc que le co-obligé du failli à l'égard des créanciers. Sans doute, et par cela même, ceux-ci avaient un recours contre elle. Mais quand le co-obligé intervient dans la faillite ; quand il figure au concordat pour y faire aux créanciers l'abandon de ses droits, la cession du prix de ses immeubles en paiement des dividendes ou en sus des dividendes promis, il ne stipule pas seulement en faveur du failli ; il stipule aussi dans son propre intérêt, il se libère envers eux jusqu'à concurrence, au moins, des sommes qu'il leur paie. Les biens qu'il abandonne, les droits auxquels il renonce, les créances qu'il cède, ne sont plus ses créances, ses droits, ses biens ; ils sont devenus la chose des créanciers, et, sur cette chose, aucun d'eux ne peut avoir un droit de préférence au préjudice des autres.

Telle est cependant la conséquence de l'arrêt de la cour de cassation, que la dame Coeffier exerçait un véritable droit de préférence sur une créance qui lui était devenue commune avec les autres créanciers des sieur et dame Binard ; que ce n'était pas la dame Binard qu'elle expropriait ; que c'était la masse ou les autres créanciers qu'elle dépouillait.

Et quels motifs ont amené sa décision ? — Les créanciers de la femme Binard étaient étrangers au concordat passé avec son mari qui seul était en faillite. — Non, la dame Coeffier n'était pas étrangère au concordat et au jugement d'homologation obtenus par les époux Binard. Le traité était obligatoire pour elle. L'absence de sa signature sur ce traité ne la dispensait pas de le respecter, de l'exécuter, non-seulement à l'égard du failli, mais encore par rapport aux créanciers et au co-obligé qui ne s'était engagé que sous la condition de l'acceptation de ses offres et de l'exécution du contrat.

Le concordat est un contrat synallagmatique. Les engagements qu'il renferme sont réciproques. De même que les autres créanciers n'auraient pas pù contester à la dame Coeffier un dividende dans les créances déléguées par la dame Binard, de même elle ne devait pas être admise à les exclure de toute participation dans ces créances. De même encore que la dame Binard n'eût pas été écoutée si elle eût prétendu n'avoir rien cédé à la dame Coeffier, de même cette dame eût dû être repoussée dans sa prétention de n'avoir rien accepté de la dame Binard. La règle est absolue : tous les créanciers sont obligés, par le concordat, même alors qu'ils n'y ont pas figuré. Ils le sont légalement, parce que la majorité stipule pour tous. Cela était vrai sous l'empire de l'ancien code de commerce, ainsi que nous l'avons établi plus haut, comme cela est vrai d'après les dispositions de la nouvelle loi.

Donc la dame Coeffier n'était pas un tiers par rapport au concordat. Donc l'arrêt de la cour de cassation, ou plutôt le principe que consacre cet arrêt n'est applicable que lorsque le créancier de la femme n'a pas en même temps pour obligé le mari tombé en état de faillite.

157. Le concordat n'oblige pas seulement les créanciers, il leur confère aussi des droits.

Ils ont une action directe contre le failli en paiement des dividendes qui leur ont été promis. Le jugement d'homologation est pour eux un titre exécutoire qu'ils peuvent ramener à exécution par toutes les voies de droit.

157 *bis*. Renouard (1) pose en principe que les engagements du concordat, sont des engagements commerciaux pour l'exécution desquels les créanciers ont l'exercice de la contrainte par corps, s'ils n'y ont pas renoncé dans le concordat. A l'appui de son opinion, il cite un arrêt de la cour de cassation, du 3 juillet 1814, et un arrêt de la cour de Bordeaux, du 6 décembre 1837 (2).

Serait-elle fortifiée par ces deux autorités, la doctrine de Renouard nous paraît néanmoins contraire aux principes en matière de contrainte par corps. Si cette contrainte est attachée aux actes de commerce, elle ne peut jamais résulter que d'un jugement qui la prononce en termes exprès (3). Or, le concordat n'est qu'une convention qui, quoique authen-

(1) Vol. 2, p. 69.
(2) Dalloz, 39-2-103.
(3) Loi du 17 avril 1832, art. 1er. — Cod. civ., art. 2063. — Cod. proc. civ., art. 789.

tique, à raison de la présence du juge-commissaire et du jugement d'homologation, n'emporte jamais , par elle-même, une voix d'exécution que les parties ne peuvent point stipuler, et que le jugement d'homologation ne peut point prononcer. Il faudrait donc un second jugement. Or, aucune loi n'autorise les créanciers à le requérir. La règle est même que celui qui a un titre exécutoire n'en peut point obtenir un second ; et, si cette règle souffre quelques exceptions, elles sont écrites dans la loi.

Et comment concevoir d'ailleurs que le concordat ait la puissance de créer cette contrainte rigoureuse, d'autoriser cette atteinte à la liberté individuelle, au profit d'un créancier qui ne l'avait pas obtenu avant la faillite, et pour une dette qui peut-être n'est pas une dette de commerce ! Non, il ne doit pas être vrai que le créancier qui, avant le concordat n'avait pas la contrainte par corps , trouve néanmoins , dans ce traité, le droit d'exercer cette contrainte. Nous disons plus, le créancier porteur d'un jugement qui prononce le *par corps*, ne peut plus, après le concordat, se prévaloir de son jugement contre le failli, le poursuivre en vertu de ce jugement. Désormais il n'a d'autre titre contre lui que le concordat et le jugement d'homologation, qui ne font, pour ainsi dire, qu'un seul et même acte, un tout indivisible, en ce sens, que le greffier qui en délivre des copies peut et doit les transcrire à la suite l'un de l'autre.

Le titre est changé, la dette n'est plus la même ; il y a novation.

Novation ! Non, objectera-t-on sans doute, avec un arrêt de la cour de Paris (1) ; non, il n'y a pas novation. Il n'y a que simple réduction de la dette.

Cet arrêt, nous l'acceptons. Il juge, conformément à notre sentiment, que le créancier dont le titre a une origine purement civile, ne peut point obtenir la contrainte par corps, contre le failli, en vertu d'un concordat homologué. Il en donne pour motif, il est vrai, que ce traité n'opère *pas novation*. Il a raison. Pourquoi? parce que le concordat n'étant pas, par lui-même, un acte de commerce, il est évident qu'il ne touche ni à l'origine, ni à la nature, ni à la cause de la dette. Il ne transforme pas une dette commerciale en dette civile et, réciproquement, une dette civile en dette commerciale. Sous ce rapport et dans ce sens, la cour de Paris a pu dire que le concordat n'opère pas novation, sans que l'on soit en droit de nous opposer sa décision.

Le concordat est une sorte de transaction qui, quoique régie par une loi spéciale, n'en modifie pas moins les droits et les obligations des parties contractantes. Comme toute autre transaction, elle change le titre du créancier, elle restreint ses prétentions, elle détermine ses droits pour l'avenir. Elle réduit la dette du débiteur, lui impose de nouveaux engage-

(1) Arrêt du 22 juin 1844. — Dalloz, 44-2-107.

ments, l'oblige souvent à des garanties qu'il n'avait pas promises avant sa faillite, efface celles auxquelles il était obligé ; en un mot, elle fait la condition du failli toute autre qu'elle n'était avant le jour où elle est consentie, et elle enlève au créancier ses droits antérieurs. Cela est si vrai que, si elle est annulée ou résolue, le créancier, dit la loi, *rentre dans la plénitude de ses droits*, c'est-à-dire, qu'il reprend son premier titre pour en poursuivre l'exécution, ainsi qu'il lui appartient. Que faut-il de plus que l'extinction du premier titre et la formation d'un nouveau pour opérer la novation ?

Aussi eussions-nous préféré que la cour de Paris eût répondu au créancier par une fin de non-recevoir. Elle eût pu lui dire : Si votre demande est fondée sur votre titre primitif, nous ne pouvons pas l'accueillir tant que le concordat ne sera pas annulé ou résolu. Si, sur le concordat, nous n'avons rien à ajouter à ce contrat et au jugement d'homologation qui l'a sanctionné ; là est le titre, le seul titre que vous puissiez ramener à exécution contre votre débiteur.

Cela même sera-t-il contesté ? Voudra-t-on prétendre que le jugement d'homologation ne doit pas être revêtu de la formule exécutoire ? Vraiment, nous serions surpris que des esprits sérieux entreprissent de le soutenir. Ce ne sera pas Renouard, du moins, lui qui professe que la contrainte par corps résulte

(implicitement sans doute) du concordat et du jugement d'homologation pour tous les créanciers indistinctement, même pour ceux dont la dette a pour
origine une convention purement civile. Cet auteur
a donc compris que le concordat est un acte authentique, et que le jugement qui en prononce l'homologation, en ordonne en même temps l'exécution. Or,
tout jugement qui se joint à l'acte dont il ordonne
l'exécution, doit, lorsque cet acte contient des engagements de sommes à payer, être revêtu de la
formule exécutoire. Autrement, il ne serait pas possible de faire exécuter la convention.

158. La doctrine de Renouard fait plus que de
blesser les principes en matière de contrainte par
corps ; elle viole ouvertement ceux admis ou consa-
crés par la loi sur les faillites.

En effet, aussitôt que la faillite est déclarée, et
par ce fait seul, le tribunal de commerce devient
maître de la personne du failli. A ce tribunal seul il
appartient d'ordonner le dépôt du failli dans une
maison d'arrêt pour dettes, ou de le confier à la surveillance d'un officier de police, ou de l'affranchir
même de cette surveillance. Et, dans cet état, dit
l'article 455, il ne pourra être reçu contre le failli
ni écrou, ni recommandation pour aucune espèce de
dettes. Donc la loi retire aux créanciers l'exercice de
la contrainte par corps. Donc l'état de faillite en affranchit le débiteur par rapport à ses créanciers.

Pour qu'il y soit soumis de nouveau , il faut que la loi s'en explique , et c'est ce qu'elle a fait dans l'article 539. Si le failli n'est pas déclaré excusable, dit · cet article, les créanciers (en état d'union) rentreront dans l'exercice de leurs actions individuelles , tant sur sa personne que sur ses biens. S'il est déclaré excusable , il *demeure* affranchi de la contrainte par corps à l'égard des créanciers de sa faillite.

Cette disposition ne permet pas de douter que le concordat enlève définitivement la contrainte par corps à ceux des créanciers qui l'avaient déjà ou qui pouvaient l'obtenir. A plus forte raison il ne l'accorde pas à ceux qui n'avaient pas le droit de la demander. On ne voudra sans doute pas refuser au concordat la même puissance qu'à la déclaration d'excusabilité.

159. Quant à la jurisprudence, Renouard paraît s'être trompé. Par son arrêt du 14 janvier 1814 la cour de cassation a jugé seulement que le créancier qui, dans le concordat , avait renoncé à la contrainte par corps , ne pouvait plus être admis à en réclamer l'exercice. Il est donc à croire que si elle eût eu à juger la question , elle se fût prononcée, cette fois encore , comme elle l'avait fait dans deux autres arrêts (1) qui refusent positivement au créan-

(1) Arrêts des 9 novembre 1812 et 14 janvier 1814. — V. Dalloz , dict. jurisp. , v. *contrainte par corps* et *faillite.* Il se peut que ce dernier arrêt soit le même que

cier concordataire l'exercice de la contrainte par corps contre le failli.

L'arrêt de la cour de Bordeaux paraît plus favorable au sentiment de Renouard. Mais si l'on fait attention que cet arrêt prononce la contrainte par corps contre un failli qui refusait des dividendes à raison d'une créance non affirmée, on conviendra qu'il n'a pas une grande influence sur la difficulté soulevée par l'opinion de Renouard.

160. La doctrine de cet auteur, rapprochée de l'arrêt de la cour de cassation qu'il cite, conduit à se demander si les créanciers peuvent, dans le concordat, se réserver la contrainte par corps contre le failli. Nous ne le pensons pas. On ne peut point se réserver ce que l'on n'a jamais eu ou ce que l'on a perdu. La loi, comme nous venons de le voir, retire la contrainte par corps à ceux qui l'avaient obtenue avant la faillite, et elle ne la leur restitue que dans le seul cas où, à défaut de concordat, le failli n'est pas déclaré excusable. Cette contrainte, d'ailleurs, ne peut jamais être l'objet direct d'une convention ; elle doit toujours être prononcée par les tribunaux chargés de vérifier si la loi permet d'accorder au créancier cette voie rigoureuse d'exécution.

161. Le concordat oblige aussi les créanciers hy-

celui cité par Renouard qui n'indique pas le recueil où il est rapporté. V. du reste arrêt de cassation du 9 mai 1846, Dalloz, 46-1-316.

pothécaires en ce sens que , s'ils ne sont pas remplis de leur créance sur le prix des immeubles , ils ont , pour ce qui leur est dû , les mêmes droits que les créanciers hypothécaires.

Mais le dividende qu'ils peuvent réclamer se calcule-t-il sur le montant intégral de leur créance, ou, simplement , sur la somme qui leur reste due ? La cour de Bordeaux (1) a jugé que le calcul doit se faire sur la totalité de la créance. Cela est au moins douteux. Le créancier qui conserve son hypothèque et la fait valoir reste étranger à la masse. Ni sa personne ni sa masse ne concourent à la formation du concordat. Ce qu'il reçoit sur le prix des immeubles éteint la dette du failli jusqu'à due concurrence. Quand il se présente à la masse , il n'est créancier que de la somme qui lui reste due. Lui accorder le dividende auquel il aurait eu droit s'il n'eût rien reçu, ou s'il eût été purement chirographaire, c'est l'assimiler au créancier qui figure, pour la même créance, dans la faillite respective de plusieurs co-obligés ; c'est appliquer à un cas qu'elle ne prévoit pas la disposition de l'article 542 , disposition qui n'est juste que pour le cas qu'elle règle.

162. La cour de cassation (2) et la cour de Paris (3) ont jugé que le créancier hypothécaire

(1) Arrêt du 6 septembre 1837 , ci-dessus cité.
(2) Arrêt du 28 janvier 1840 ; Dalloz , 40-1.
(3) Arrêt du 13 décembre 1843.

peut, après le concordat, former l'action en stellionat contre le failli. Renouard (1) s'élève contre ces décisions, et il a raison. D'une solution douteuse avant la loi de 1838, la question ne saurait aujourd'hui se résoudre affirmativement. L'action en stellionat n'a pas d'autre objet que la contrainte par corps. Or, la contrainte par corps ne peut pas être obtenue contre le failli déclaré excusable. Pour justifier la doctrine des deux cours, il faut aller jusqu'à soutenir que le concordat n'excuse pas le failli, ou que l'article 539 ne s'applique pas à la contrainte par corps en matière civile.

163. Bédarride (2) élève une autre difficulté. Il prétend que le concordat n'a pas pour effet de rendre irréfragable le droit du créancier, et que le failli doit être admis à contester sa créance, même après l'homologation. Il est vrai, dit-il, que la jurisprudence refuse ce droit au failli ; mais de puissantes raisons s'élèvent contre cette jurisprudence. La présence du failli à la vérification des créances n'est pas nécessaire, et, quand il y assiste, il est incapable de porter devant les tribunaux les contestations qu'il pourrait élever contre certaines créances. Peut-il être la victime de son ignorance ou du mauvais vouloir, de la négligence des syndics ? On lui oppose

(1) Tom. 2, p. 71.
(2) Tom. 2, n° 593 et suiv.

son concours au concordat et la poursuite du jugement d'homologation ; mais ces actes lui sont nécessaires pour recouvrer sa capacité. Il serait injuste
d'en tirer une fin de non-recevoir pour l'obliger au
paiement d'un dividende qu'il ne doit pas.

Sans doute il serait fâcheux, pour le failli, de
payer ce qu'il ne doit pas ; mais aussi le droit du
créancier ne peut pas être perpétuellement incertain.
C'est au failli à veiller à la conservation de ses droits,
et à ne pas laisser croire à la sincérité d'une créance
qu'il sait ne pas exister. S'il n'est pas présent à la
vérification, ou si, présent, il conteste, et que les
syndics admettent néanmoins la créance, il doit, lors
du concordat, protester contre cette admission et
faire ses réserves, réserves qu'il doit renouveler
lorsqu'il demande l'homologation. En gardant le silence dans ces deux occasions, il reconnaît la légitimité de la créance ; il ne peut plus être admis à la
contester.

Il est cependant un cas où il peut refuser le paiement des dividendes réclamés par le créancier ; c'est
celui où il découvre qu'il s'est engagé par erreur, ou
que la créance était éteinte avant l'ouverture de la
faillite.

164. L'homologation du concordat a aussi pour
effet de conserver aux créanciers l'hypothèque que
donne à la masse la disposition de l'article 490. Cela
est écrit dans l'article 517.

Mais prenons garde, disent quelques auteurs (1),
que l'article 490, répétition textuelle de l'ancien article 500, doit s'entendre dans le même sens, c'est-
à-dire, qu'il ne crée aucun droit d'hypothèque au
profit des créanciers. Une hypothèque ! Laquelle ?
Ce n'est pas une hypothèque conventionnelle puisqu'aucun traité n'est encore intervenu entre le failli
et ses créanciers. Ce n'est pas non plus une hypothèque judiciaire, puisque le jugement de déclaration
de faillite ne constate qu'un fait. Ce sera donc une
hypothèque légale ? Aucune loi ne l'établit. Une
inscription, et c'est une inscription que prescrit l'article 500 et, après lui, le nouvel article 490 ; une
inscription, comme le juge la cour de cassation (2),
a pour objet de conserver et non de créer une hypothèque qui ne peut jamais résulter que d'une disposition expresse de la loi, ou d'un jugement, ou
d'une convention. Donc l'article 517, comme l'ancien article 504, crée une hypothèque et ne conserve
pas une hypothèque acquise.

C'est bien là en effet ce que juge la cour de cassation en confirmant un arrêt de la cour de Nimes qui
refuse à l'ancien article 500 la puissance de créer
une hypothèque. La décision de la cour de cassation

(1) Bédarride, 1, n° 416, et 2, n° 599. — Pardessus,
tom. 4, n° 1157. — Troplong, art. 2146. — Locré, esprit du code de commerce, art. 500.

(2) Arrêt du 22 juin 1841. — Dalloz, 44-1-261.

peut se justifier au fond ; mais , dans les considérants ou motifs , la cour se met à la place du législateur ; elle refait la loi , ou plutôt elle la déclare
inutile , elle l'abroge.

Conséquente avec le principe que l'état de faillite
du débiteur fixe définitivement la position des créanciers , la loi n'a pas voulu que leur condition , déjà
si mauvaise , put s'empirer encore de tous les effets
que des hypothèques ultérieures produiraient sur les
immeubles du failli ; et elle leur donne une hypothèque dont elle ordonne l'inscription immédiate. Cette
hypothèque résulte pour eux de la déclaration de la
faillite , comme elle résulte du mariage , pour la
femme ; de la tutelle , pour le mineur ; de la fonction , pour le comptable ; du testament , pour le légataire. L'article 490 serait-il seul qu'on devrait lui
donner cette portée , parce qu'on ne doit pas présumer que le législateur eût prescrit l'inscription pour
que cette inscription demeurât stérile , comme une
chose vaine et sans objet, produit irréfléchi d'un esprit léger ou inconséquent. On y est même obligé
aujourd'hui que l'article 517 est conçu en termes
qui rendent la pensée de la loi assez claire pour que
le doute ne soit plus permis.

Mais , dit-on, le législateur ne pouvait pas avoir
la crainte que d'autres hypothèques vinssent gréver
les immeubles du failli , puisque le failli , dépouillé
de l'administration de ses biens, ne peut en consen-

tir aucune, et qu'aucune hypothèque judiciaire ne peut pas non plus s'acquérir contre la masse.

Soit; mais l'état de faillite qui frappe un malheureux ne le rend pas indigne de mariage, de tutelle, de fonctions comptables. Apparemment le législateur ne s'est pas montré inconséquent en prévoyant qu'une hypothèque légale pourrait survenir et nuire aux créanciers.

Le failli n'est pas non plus incapable ou indigne de recueillir une succession, et sans doute le législateur savait qu'un créancier de la succession peut prendre contre l'héritier un jugement qui, en cas de concordat surtout, frapperait les immeubles du failli: car ce n'est qu'au créancier personnel du failli qu'il est interdit de prendre jugement ou inscription.

Donc le législateur avait ses raisons pour accorder une hypothèque aux créanciers d'une faillite ; donc c'est une hypothèque que conserve l'inscription prise d'abord en vertu de l'article 490 et renouvelée ensuite conformément à l'article 517. Tel est aussi le sentiment de Renouard.

165. Cette hypothèque est une véritable hypothèque légale (1) dont l'effet se restreint aux im-

---

(1) Lainné, p. 257, dit, à tort, ce nous semble, que c'est une hypothèque judiciaire. Peut-être est-ce la crainte des conséquences de cette sorte d'hypothèques qui a décidé la cour de cassation à ne pas en reconnaître l'existence.

meubles actuels du failli : elle ne s'étend point aux biens à venir. L'article 490 l'indique clairement en bornant l'inscription aux immeubles du failli, et, sous ce rapport, cet article ne reçoit point d'extension dans la disposition de l'article 517. Les biens à venir doivent rester le gage des créanciers futurs comme des anciens. Ceux-ci n'ont pas à s'en plaindre ; la loi fait pour eux tout ce que l'équité demande.

- 166. Cette règle une fois admise, l'arrêt de la cour de cassation ci-dessus cité se justifie pleinement. La cour avait à juger la question de savoir si les créanciers de la faillite avaient, sur les immeubles d'une succession échue au failli, un droit de préférence sur les créanciers hypothécaires de cette succession, qui ne s'étaient inscrits que plus de six mois après son ouverture. Ce droit de préférence, les syndics ne pouvaient pas l'obtenir, puisque l'hypothèque des créanciers ne frappant que les immeubles présents du failli, ils étaient sans droit et sans intérêt à se prévaloir du retard que les créanciers de la succession avaient mis à s'inscrire. Ainsi, l'arrêt a bien jugé au fond ; seulement les motifs de la décision peuvent être justement critiqués. Il eût bien jugé alors même que les créanciers de la succession n'eussent pas eu d'hypothèque.

167. Pour conserver aux créanciers concordataires les effets de l'inscription prise au profit de la

masse, la loi ordonne aux syndics de faire inscrire le jugement d'homologation. Cette seconde inscription est nécessaire pour avertir les tiers que l'hypothèque des créanciers continue d'exister nonobstant le concordat. Comme les créanciers ont le droit d'y renoncer, le défaut d'inscription ferait présumer cette renonciation.

168. Ce n'est pas au profit de la masse que cette seconde inscription conserve les effets de l'hypothèque, c'est à chaque créancier individuellement, comme le dit l'article 517. S'en suit-il qu'il faille autant d'inscriptions que de créanciers, ou qu'une inscription unique désigne nominativement chaque créancier ? Ne suffit-il pas d'énoncer seulement qu'elle est prise pour tous les créanciers, qui sont obligés par le concordat ?

En décidant qu'il y a autant d'hypothèques individuelles que de créanciers , Renouard (1) semble indiquer la nécessité de prendre autant d'inscriptions qu'il y a d'individus intéressés. Outre que cette marche serait infiniment couteuse, elle aurait de graves inconvénients. Le concordat est obligatoire pour les créanciers inconnus ou retardataires ou dont la créance est contestée, comme pour tous les créanciers affirmés. S'ils supportent les charges , il est juste qu'ils profitent des avantages qui résultent du traité. L'égalité de sacrifices assure l'égalité de droits. Or,

(1) Tome 2, p. 84.

les syndics peuvent-ils inscrire des personnes dont ils ignorent le nom, dont le droit est contesté, dont le silence fait présumer le défaut d'intérêt? Ce serait les obliger cependant à les inscrire d'une manière vague, indéterminée, pour des sommes éventuelles, ce serait nuire singulièrement au failli, sans avantage pour personne. On peut même douter que le conservateur consente à inscrire de prétendus créanciers dont le titre n'est pas représenté ou n'est pas reconnu.

Du reste, il n'est pas exact de dire qu'il y a autant d'hypothèques que de créanciers. Cela aurait des conséquences que Renouard n'admettrait certainement pas, qu'il repousse même implicitement, en disant que chaque hypothèque aura la date de l'inscription du jugement. Il suppose par là que toutes les inscriptions seront prises le même jour, sans prévoir que les syndics pourront être ou négligents ou partiaux, et les créanciers obligés de s'inscrire eux-mêmes, hypothèse que nous examinerons tout-à-l'heure.

Lainné (1) et Bédarride (2) pensent qu'une seule inscription suffit; mais que les syndics doivent y dénommer tous les créanciers, même ceux domiciliés hors du territoire continental de la France. Aux frais près que ce système économise, les inconvé-

(1) Page 256.
(2) Tome 2, n° 601.

nients sont à peu près les mêmes que dans le système de Renouard. — L'omission involontaire d'un
nom et le défaut de désignation de ceux qui sont inconnus, ou retardataires, ou contestés, peuvent éteindre un droit que la loi, cependant, accorde à tous
indistinctement. Tant pis, pour les créanciers négligents, répond Bédarride : ils sont en faute ; il est
juste qu'ils en subissent les conséquences. Mais on
peut être en retard sans être négligent. Lorsqu'un
créancier est retenu, par ses affaires, hors du territoire continental ; ou lorsqu'il est empêché d'agir par
un accident, par une maladie grave, l'injustice serait
à le priver d'une garantie que lui accorde une loi
protectrice des intérêts de tous.

— 169. L'article 517 nous parait plus sage que l'o-
pinion des auteurs. Il n'exige que l'inscription du
jugement d'homologation, sans prescrire la désignation individuelle de chaque créancier; et ce que nous
venons de dire prouve qu'il a eu de bonnes raisons
pour cela. Savoir que l'hypothèque déjà inscrite en
vertu de l'article 490 continue d'exister, c'est ce qui
importe aux tiers, bien plus que le nom des créanciers, nom qu'ils ignoreraient si l'état d'union s'était
constitué, à défaut de concordat.

On objectera peut-être que le créancier qui pour-
suivra l'expropriation des biens du failli, ou le tiers
acquéreur de ses biens, sera empêché de faire aux
créanciers concordataires les notifications prescrites

par les lois. Cette objection serait peu sérieuse, parce que l'inscription devant contenir élection de domicile pour tous les créanciers , c'est à ce domicile que se feraient les notifications.

170. Nous pensons donc que ces mots de l'article 517 : *l'inscription du jugement conserve à chacun des créanciers....*, n'ont d'autre portée que de conférer à chaque créancier le droit de faire valoir, dans son intérêt particulier, une hypothèque que, jusquelà, les syndics seuls pouvaient mettre en action ; et que , par suite , il n'est pas nécessaire , à peine de nullité , que l'inscription prise en vertu de cet article contienne la désignation individuelle de tous les créanciers.

Mais si cette désignation n'est pas nécessaire , on la trouvera du moins utile à l'intérêt des créanciers qui deviendront plus certains que les notifications ou dénonciations, tendant à paralyser les effets de leur hypothèque, parviendront à leur connaissance. Nous l'avons nous même ainsi pensé d'abord, et nous allions conseiller aux syndics de ne point omettre , dans l'inscription, les noms des créanciers, lorsque nous nous sommes rappelé que, dans une occasion où cela s'était pratiqué, les notifications de leur acte d'acquisition par plusieurs acquéreurs des biens du failli, furent faites à chaque créancier dénommé ; ce qui occasionna une telle masse de frais qu'une grande partie du prix de vente en fut absorbé. Ce souvenir nous fait sentir toute la sagesse de la disposition de l'article 517.

Au surplus, on éviterait tout inconvénient en élisant domicile, dans l'inscription, en la demeure de celui des syndics ou des créanciers qui se chargerait de prévenir tous les intéressés des notifications qui lui seraient délaissées. Rien n'empêche de désigner, dans le concordat, celui qui consentirait à promettre ce bon office.

170 *bis*. Celui qui requiert l'inscription doit énoncer le montant total des dividendes à payer, y compris ceux pouvant revenir aux créanciers retardataires ou contestés. Il nous paraît, en effet, indispensable que les tiers connaissent, au moins approximativement, les charges qui grèvent les immeubles du failli.

171. Ce sont les syndics qui doivent inscrire le jugement d'homologation. S'ils négligent de le faire, ils sont personnellement responsables envers les créanciers. On ne peut donc pas présumer facilement qu'ils manqueront à cette obligation. Si pourtant ils se montraient indifférents à cet égard, les créanciers pourraient-ils les suppléer, et requérir eux-mêmes l'inscription? Ils en ont le droit, sans aucun doute, puisqu'aux termes de l'article 2148 du Code civil, les tiers sont autorisés à requérir l'inscription lorsqu'ils sont porteurs du titre. Et comme ici le titre est un jugement commun à tous les intéressés, l'inscription requise par un seul profiterait à tous les

ayant-droits, alors même qu'il aurait affecté de la prendre uniquement dans son propre intérêt. Il ne peut pas se donner à lui-même un droit de préférence, en prenant une inscription qui est prescrite ou permise dans l'intérêt de tous, alors surtout que le titre inscrit ne confère pas l'hypothèque, mais conserve seulement une hypothèque préexistante et les effets d'une inscription antérieure.

172. Bédarride (1) prétend que, si les dividendes sont garantis par un cautionnement, l'hypothèque atteint les immeubles de la caution qui ne s'en serait pas expliquée dans le concordat. Tel est, selon cet auteur, l'effet du jugement d'homologation, qu'il rend *immobilier* le cautionnement non déclaré simplement *mobilier*. Nous avons scruté chacun des mots, employés dans l'article 517, et, loin d'y trouver une telle conséquence, ils nous paraissent conduire à une opinion bien opposée à celle de cet auteur. La caution ne peut pas être obligée au-delà de ce qu'elle a promis. Si elle n'a consenti aucune hypothèque, les créanciers n'ont pas le droit de s'inscrire sur ses biens. Non-seulement l'article 517 ne leur confère pas ce droit, mais encore aucune de ses expressions ne peut s'appliquer aux cautions du failli.

173. Les commentateurs ne s'expliquent point sur les effets que peut produire l'hypothèque résultant de l'article 490, soit en général, soit dans le cas parti-

(1) Tome 2, p. 607.

culier où les immeubles du failli seraient saisis avant la déclaration de la faillite.

Il ne nous paraît pas douteux que cette hypothèque grève les biens du failli du jour de l'ouverture de la faillite ou de son inscription, de telle sorte que non seulement elle assure aux créanciers un droit de préférence sur les hypothèques postérieures à la faillite, mais encore que les syndics, ou les créanciers après le concordat, doivent être appelés dans l'ordre qui s'ouvre sur le prix des biens qu'elle frappe. Obligés de souffrir l'exercice de celles des hypothèques inscrites avant la masse, qui ne sont pas annulées de plein droit par la loi, ils ont intérêt à rechercher si ces hypothèques ne sont pas nulles dans leur principe; si elles ont une cause sérieuse et licite ; si elles ne sont point éteintes par l'un des moyens indiqués par la loi. Nous pensons même qu'ils peuvent se prévaloir de la nullité de l'inscription par suite de l'omission de quelqu'une des formalités constitutives d'un bordereau d'inscription ; à moins qu'il ne fut reconnu que la formalité omise serait indifférente pour eux, à raison même de l'état de faillite du débiteur. Telle serait, par exemple, l'omission de l'époque de l'exigibilité de la créance inscrite, puisque la faillite rendant toutes les dettes exigibles, l'époque d'exigibilité leur est tout-à-fait indifférente.

Nous croyons aussi que la circonstance d'une saisie pesant sur les immeubles du failli, avant la déclaration de la faillite, n'empêche point l'inscription prise au nom de la masse de produire tous ses effets. Peut-être cela sera-t-il contesté par ceux qui, en interprétant les dispositions de l'article 686 du Code de procédure civile, prétendent que la saisie enlève au débiteur saisi, d'une manière absolue, la faculté de disposer de la chose, à ce point que le droit de propriété n'est plus entier sur sa tête, et que, conséquemment, aucune hypothèque ne peut désormais affecter les objets saisis.

Les termes et l'intention de la loi repoussent également cette interprétation de sa pensée. Si elle défend au saisi l'aliénation de la chose saisie, cette défense, d'une part, n'est pas absolue, puisque la vente est valide lorsque l'acquéreur dépose une somme suffisante pour acquitter toutes les créances inscrites; et que, d'autre part, elle ne va pas jusqu'à interdire au débiteur toute constitution d'hypothèque. S'il est vrai que l'hypothèque est une sorte d'aliénation, cette aliénation n'est ni directe ni immédiate. Elle n'enlève point au débiteur la disposition de ses biens, même à titre gratuit; elle ne lui ôte pas la faculté de consentir d'autres hypothèques. La loi a très-bien compris la distance qui sépare l'hypothèque de l'aliénation, et c'est l'aliénation qu'elle a défendu, parce que seule l'aliénation pourrait être préjudiciable en saisissant et autres créanciers hypothécaires à qui une hypothèque postérieure ne peut jamais nuire en effet. Si donc, la saisie des immeubles n'invalide pas les hypothèques postérieurement consenties par le débiteur, à plus forte raison n'a-t-elle pas la puissance d'annihiler les effets d'une hypothèque établie par la loi elle-même.

CHAPITRE V.

DE L'ANNULATION ET DE LA RÉSOLUTION DU CONCORDAT.

174. Lorsque le concordat est homologué, il devient définitif, et aucun créancier ne peut plus en demander la nullité. Ainsi le veut la raison, ainsi l'établit l'article 518. Cette œuvre délibérée, arrêtée par une majorité qu'un magistrat guide et éclaire ; sanctionnée par la sagesse d'un tribunal à qui la loi laisse toute sa liberté, après lui avoir donné les moyens de se renseigner; cette œuvre ne devait point être livrée aux attaques incessantes d'une minorité irritée ou malveillante. Il fallait un terme au désordre qu'une faillite cause toujours dans la société ; il fallait, et l'intérêt public y est engagé, il fallait mettre fin à des débats que perpétuerait la passion de quelques-uns au préjudice du plus grand nombre.

Il le fallait ! et cependant, sous l'ancien code de commerce qui, lui aussi pourtant, voulait que l'homologation rendit le concordat irréfragable, que de discussions entre le failli et ses créanciers ! Le dol du failli était-il couvert par l'homologation ? Ses fraudes avérées ne viciaient-elles pas le consentement des créanciers ? Quels cas de fraude les tribunaux pouvaient-ils admettre ? Le jugement qui admettait et prononçait la nullité, profitait-il à tous les créanciers ? On se le demandait, et les opinions étaient divisées, et la jurisprudence était variable ou incertaine, ou plutôt elle ne parvenait pas à se fixer.

D'un autre côté, craignant peu les attaques de ses créanciers, le failli se jouait de ses engagements. Si, trop pressé, il ne pouvait éviter une contrainte, il se hâtait de déclarer une seconde faillite, puis une troisième, une quatrième, jusqu'à ce que, de dividendes en dividendes toujours décroissants, il arrivât à se libérer, sans presque rien payer. Combien, après de telles manœuvres, ont insulté par leur luxe à la misère de leurs créanciers ! Ce scandale était si commun, que généralement on regardait une faillite comme un moyen de s'enrichir.

Le législateur de 1838, averti des difficultés que faisait naître le dol du failli, sollicité par les plaintes du commerce qui ne voyait plus, dans le concordat, qu'une prime allouée à la mauvaise foi du failli, a accordé aux créanciers l'action en nullité du concordat pour cause de dol, et l'action en résolution à défaut, par le failli, de tenir ses engagements, en prenant ses précautions pour prévenir les difficultés qui s'étaient élevées avant la promulgation de ses nouvelles dispositions.

C'est donc une matière toute nouvelle que celle qui fait l'objet de ce chapitre. Déjà elle a été commentée par plus d'un habile jurisconsulte; mais quelque soin qu'ils aient apporté à leur œuvre, ils ne l'ont ni suffisamment expliquée, ni assez approfondie, ni assez développée dans ses conséquences. Nous allons essayer de la traiter d'une manière claire pour tous; de peser chaque règle et d'en déduire les véritables conséquences, en indiquer tous les effets, prévoir et résoudre toutes les difficultés qui en peuvent surgir. Pour mieux atteindre notre but, nous diviserons notre travail en plusieurs sections.

SECTION 1re.

Des causes de nullité du concordat après l'homologation.

175. Aucune action en nullité du concordat, dit l'article 518, ne sera recevable après l'homologation, si ce n'est pour cause de dol découvert depuis cette homologation, et résultant, soit de la dissimulation de l'actif, soit de l'exagération du passif.

Toute explicite qu'elle soit, cette règle n'exclut

point une autre cause de nullité du concordat, qui résulte de la condamnation du failli pour banqueroute frauduleuse ; elle est écrite dans l'article 520.

On pourrait croire que ces deux causes n'en font qu'une, parce que le dol, résultant de la dissimulation de l'actif ou de l'exagération du passif, constitue le créancier en banqueroute frauduleuse. Mais elles sont réellement distinctes, soit parce que d'autres faits constituent l'état de banqueroute frauduleuse, soit parce que la condamnation peut être prononcée sur les poursuites du ministère public, indépendamment de l'action des créanciers.

Ainsi, l'objet de l'article 518 est uniquement d'ouvrir, au profit des créanciers, l'action en nullité pour cause de dol, sans les obliger de recourir préalablement à des poursuites criminelles ; tandis que l'article 520 réserve implicitement au ministère public l'initiavive d'une condamnation en banqueroute frauduleuse, nonobstant le silence des créanciers, ou leur action en nullité.

176. Mais, pour que l'action en nullité soit ouverte, deux conditions sont requises : la première, que le dol soit découvert postérieurement à l'homologation ; la seconde, que le dol consiste dans la dissimulation de l'actif ou dans l'exagération du passif.

De là, plusieurs conséquences qu'il convient de signaler.

1° Si le créancier qui demande la nullité savait
ou connaissait avant l'homologation les faits d'exagération ou de dissimulation sur lesquels il appuie sa
demande, son action serait non-recevable. Il ne pourrait ni alléguer son erreur, puisqu'il savait, ni se
plaindre du traité, puisqu'il était en son pouvoir de
l'empêcher. Il ne mériterait d'ailleurs aucune confiance; il aurait aidé, par son silence, à tromper les
autres créanciers.

Mais, est-ce au créancier qu'incombe la preuve
d'une découverte postérieure à l'homologation ?
N'est-ce pas plutôt au failli à prouver la connaissance
antérieure du créancier? Cette question n'est entrée
dans la prévision d'aucun des commentateurs (1).

La règle générale est que celui qui invoque une
fin de non-recevoir doit prouver que cette fin de non-
recevoir lui est acquise. On pourrait [donc dire que
le failli est chargé de prouver la connaissance antérieure du dol par le créancier qui attaque le concordat.

Telle ne doit pas être cependant la solution à donner à la question. Remarquons-le, ici le droit d'agir
contre le concordat repose, non sur le dol en lui-
même, mais sur l'époque même de la découverte du
dol. Or, celui qui forme une action doit prouver son
droit à cette action. S'il suffisait au créancier d'alléguer son ignorance du dol avant l'homologation , il

(1) Voir cependant ce que dit Bédarride, t. 2, n° 643.

se garderait bien de le dénoncer avant le jugement ; il attendrait toujours pour agir le refus que ferait le failli de payer son silence au prix qu'il taxerait. C'est là ce que la loi n'a pas voulu : elle avait à craindre l'impunité d'un failli coupable et la rupture de l'égalité entre les créanciers au profit d'un seul ou de quelques-uns seulement.

Si donc la demande se forme, le failli n'a pas besoin d'élever une fin de non-recevoir ; il lui suffit de répondre que la demande n'est pas justifiée. C'est au créancier à prouver, non-seulement les faits de dol, mais encore le moment où il en a fait la découverte. Le failli a, de plein droit, la preuve contraire.

2° Le dol particulier dont aurait à se plaindre un créancier ne donne point ouverture à l'action en nullité du concordat, alors même que la découverte en serait postérieure au jugement d'homologation. En vain il alléguerait, par exemple, que, pour déterminer son vote, le failli a employé des manœuvres qui lui ont persuadé l'existence de ressources qu'il a appris depuis ne pas exister ; il ne serait point écouté. Le concordat n'est point un contrat régi par les principes ordinaires du droit. Il n'est pas l'œuvre de chaque intéressé en particulier, mais d'une majorité dont les intérêts doivent dominer l'intérêt individuel de quelques-uns. Le consentement de tous n'est pas nécessaire à sa validité. C'est par cette raison que la loi a voulu que tous fussent trompés pour que le contrat fût rompu. Et, pour qu'on ne se méprit pas sur sa volonté, elle a eu le soin de préciser les cas de fraude ou de dol qui serviraient de fondement à l'action en nullité. Il est même à remarquer qu'elle ne l'a fait que par exception à la règle générale d'abord établie dans le premier projet, à savoir, qu'aucune action en nullité du concordat, *pour quel que quel que que ce fût*, ne serait recevable après le jugement d'homologation. C'est la chambre des pairs qui, sur le rapport de Tripier, a introduit l'exception résultant de l'erreur de tous par le dol du failli.

3° En réduisant aux deux cas de simulation de l'actif et d'exagération du passif, les causes de nullité du concordat, la loi semble enlever aux créanciers le droit de provoquer la nullité pour les autres cas de banqueroute frauduleuse.

Les autres cas de banqueroute frauduleuse sont : la soustraction des livres et le détournement d'une partie de l'actif. (Art. 591). Est-il probable que la loi qui déclare le concordat nul, lorsque le failli est postérieurement poursuivi et convaincu de banqueroute frauduleuse, sans distinction du fait qui entraîne la condamnation, ait voulu néanmoins refuser aux créanciers l'action en nullité pour le cas de soustraction des livres ou de détournement de partie de l'actif?

Si l'on considère, d'une part, que l'on ne doit

pas facilement présumer que le législateur n'a pas suffisamment réfléchi ses dispositions, mûrement pesé les termes dont il se sert, sagement co-ordonné les règles qu'il établit ; et, d'autre part, que les motifs qu'il donne aux exceptions apportées à une règle générale s'appliquent parfaitement à d'autres cas que ceux indiqués dans sa disposition ; que l'article 591 ayant pour objet spécial de caractériser la banqueroute et de la rendre criminelle, demandait plus de détails que l'article 518, exigeait toutes les expressions qui rendissent claire et positive l'intention de la loi ; si, disons-nous, on considère ces choses, on ne pourra pas se dissimuler qu'il y a là une grave difficulté. Nous allons hasarder notre opinion ; de plus doctes que nous jugeront si nous nous sommes trompé.

Si nous voulions accorder aux créanciers l'action en nullité pour cause de soustraction des livres ou de détournement de quelques valeurs actives, nous dirions : Il est dans l'esprit de la loi que l'erreur commune à tous les créanciers, et résultant du dol du failli, vicie leur consentement et crée, à leur profit, l'action en nullité du concordat. Cette action leur est accordée pour les affranchir de l'obligation de poursuivre préalablement le failli devant les tribunaux criminels. Cela résulte formellement des débats qui ont précédé l'adoption de l'article 518 par les chambres législatives. Or, peut-on nier que les créanciers étaient dans l'erreur, lorsqu'ils ont cru que le failli n'avait pas de livres et qu'il devient certain qu'il les a soustraits ? N'ont-ils pas été trompés par le failli qui détourne une partie de son actif? Certes, ils ont le droit de dénoncer ces faits au ministère public et de se joindre à lui pour faire appliquer la peine prononcée par la loi. Ils ont donc, par là, le pouvoir d'arriver à la nullité du concordat. Or, ce qu'ils peuvent indirectement, pourquoi ne le pourraient-ils pas directement, en se fondant sur leur erreur pour demander l'application de l'article 518 ? Il n'est pas raisonnable de penser que la loi, qui dispense les créanciers de toutes poursuites criminelles dans deux des cas de banqueroute frauduleuse, ait voulu les y obliger dans les deux autres cas.

A ces raisons qui sont puissantes nous pourrions ajouter : Les mots *dissimulation de l'actif, exagération du passif*, s'étendent à la soustraction des livres, au détournement de l'actif ; ils les comprennent même dans la pensée de la loi, puisque détourner des valeurs, soustraire ses livres, c'est évidemment, de la part du failli, faire croire à ses créanciers que son bilan est sincère, c'est-à-dire, qu'il n'a ni exagéré son passif, ni dissimulé son actif. Si l'article 591 énonce plus spécialement la soustraction des livres et le détournement de valeurs, c'est par la raison que toute loi est obligée d'indiquer les faits qu'elle entend incriminer, et qu'ici elle incrimine non-seu-

lement les fraudes du failli , mais même les moyens
qu'il emploie pour en effacer les traces.

Cependant notre sentiment n'est pas que l'action
en nullité du concordat soit ouverte pour cause de
soustraction de livres ou de détournement d'une partie de l'actif. L'article 518 est formel ; il exige que
le dol résulte de la dissimulation de l'actif ou de
l'exagération du passif. S'il eût été dans l'intention
du législateur d'étendre l'exception aux deux autres
cas de banqueroute frauduleuse, rien ne l'empêchait
de s'en expliquer, et de statuer qu'aucune action en
nullité ne serait recevable après l'homologation , si
elle n'avait pas pour cause le dol résultant des faits
du failli qui , aux termes de l'article 591 , constituent la banqueroute frauduleuse. Si donc il a restreint cette action aux deux seuls cas exprimés dans
l'article 518 , c'est qu'apparemment il avait ses
motifs.

Lorsqu'au moment de la faillite il ne se trouve pas
de livres , ou les créanciers ont cru qu'il n'en existait pas , ou ils ont su que le failli les a fait disparaître. Que l'on suppose l'un plutôt que l'autre , il
importe peu : l'absence des livres est un fait connu
des créanciers, un fait qui ne les a pas empêché d'accepter le concordat. Ils ne peuvent donc pas dire que
la soustraction des livres est cause de leur erreur.
Cette soustraction est un crime , il est vrai, et cela
se conçoit ; mais elle n'est pas un dol par elle-même

puisqu'elle n'est ni une dissimulation ni une exagération. Le mensonge est dans le bilan ; la soustraction des livres est un moyen de prévenir la découverte du mensonge.

Il en est de même du détournement de valeurs actives. Il est un fait plus répréhensible chez un failli que chez tout autre ; mais, par lui-même, il n'est pas l'origine de l'erreur où sont les créanciers au moment du concordat. Commis avant la faillite, il l'a été précisément pour que la présence des objets ne démentît pas les affirmations du bilan. Il est donc, comme la soustraction des livres, un moyen employé par le failli pour enlever à tous les yeux la preuve de ses dissimulations.

Ainsi, la loi a eu ses motifs pour ne pas mettre l'enlèvement des livres ou d'une partie de l'actif au nombre des causes qui autorisent l'action en nullité du concordat. Elle a compris que la soustraction et le détournement n'étaient, en eux-mêmes, ni une tromperie ni un dol ; mais des faits propres à prouver le dol ou la tromperie. Elle a été sage de ne pas confondre deux choses essentiellement différentes ; le bilan qui constate le fait et l'intention de tromper, et les faits qui tendent à prouver cette intention.

Qu'importe après cela que la loi ait, sous le rapport de la criminalité, assimilé la soustraction des livres à l'exagération du passif, et le détournement à la dissimulation de l'actif ? En agissant ainsi, elle n'a eu d'autre but que de prévenir des faits pratiqués tout exprès pour enlever, soit aux créanciers, soit au ministère public, la preuve de fraudes qu'il convient de réprimer sévèrement.

4° La demande en nullité doit être motivée. Le tribunal ne la recevrait pas si les faits de dol reprochés au failli n'étaient pas clairement énoncés ; car il faut qu'il puisse apprécier s'ils tombent dans les seuls cas prévus par la loi. Vainement même le créancier en offrirait la preuve, si, articulés et prouvés qu'ils seraient, ils n'étaient pas de nature à faire prononcer la nullité du concordat.

177. Un failli a dissimulé son actif lorsque, dans son bilan, il n'a pas fait connaître tout ce qui lui appartient en biens meubles et immeubles, actions, créances, billets, numéraire ; ou lorsqu'il présente comme ne lui appartenant plus des objets qui pourtant sont toujours sa propriété ; ou bien encore, lorsqu'il n'a pas déposé de bilan, on découvre néanmoins qu'il a caché, recelé, détourné quelques valeurs actives, simulé des ventes, donné des quittances fictives, refait les chiffres d'un compte qui le constituait créancier, etc.

Il a exagéré son passif, lorsqu'il s'est déclaré débiteur de personnes auxquelles il ne doit rien, ou doit des sommes moindres que celles portées au bilan. Il est inutile d'entrer dans le détail de tous les moyens qu'emploie un failli pour faire croire à la sincérité de dettes purement fictives. Nous dirons seulement qu'il est arrivé plus d'une fois que, pour faire croire à la réalité de ces sortes de dettes, pour détourner l'attention, le failli discute ou conteste avec acharnement les créances sérieuses.

C'est à l'aide des livres que l'on parvient à découvrir l'exagération du passif, la dissimulation de l'actif. Mais les livres peuvent être tenus avec tant d'art par celui qui prépare sa faillite de longue main, que, si les syndics ne sont pas versés dans cet art et capables du travail long et difficile que demande le rapprochement de la correspondance et du livre-journal d'avec le compte particulier de chaque créancier, de chaque débiteur, il est impossible de découvrir les fraudes qu'il a commises.

178. La loi ne dit point après quel laps de temps l'action en nullité ne sera plus recevable. Elle est réputée dès lors n'avoir point modifié la règle de l'article 1304 du Code civil qui fait durer cette action pendant dix années à compter du jour de la découverte du dol. Tel est le sentiment de Bédarride (1). Nous l'acceptons, sans nous dissimuler cependant que cela présente quelque difficulté. Plus d'une fois déjà nous l'avons remarqué, les faillites se règlent sur des principes qui font exception au droit commun. On pourrait donc inférer du silence de la loi qu'elle n'a pas voulu laisser survivre l'ac-

(1) Tome 2, n° 615.

tion en nullité aux obligations du failli. A quoi bon annuler un concordat qui a produit tous ses effets? L'article 1304 s'applique aux matières ordinaires, sans danger pour personne, sans trouble pour la société. Il n'en est pas de même en fait de faillite. Annuler le concordat, c'est reconstituer la faillite ; c'est, conséquemment, jeter la perturbation dans une foule d'intérêts. Remarquons-le, d'ailleurs, le dol, qui est ici un crime, peut ne se découvrir que plusieurs années après l'homologation du concordat. Laisser aux créanciers la faculté d'agir pendant dix années à partir de la découverte, n'est-ce pas aller contre la volonté de la loi qui éteint toutes poursuites criminelles, toute action civile après dix années, à compter du jour où le crime a été commis?

Oui, sans doute, l'action criminelle et l'action civile sont éteintes par le laps de dix ans; mais, dans le sens de la loi, l'action civile n'est autre que la demande en dommages-intérêts à raison du préjudice résultant du crime, action indépendante de celle qui appartient aux créanciers d'un failli par suite de la nullité de leur consentement à un traité dans lequel ils se sont imposé des sacrifices. Les paiements qu'ils ont reçus ne font point cesser l'intérêt qu'ils ont à rentrer dans la plénitude de leurs droits contre le failli qui, en les trompant, s'est enrichi à leurs dépens.

179. La loi ne dit pas non plus devant quel tri-

bunal l'action en nullité doit être portée. Est-ce devant le tribunal civil? Est-ce devant le tribunal de commerce qui a homologué le concordat, ou devant celui du nouveau domicile du failli?

Ce qui pourrait faire naître du doute, c'est la règle généralement admise que lorsque la faillite a pris fin, il n'y a plus de syndics, plus de juge-commissaire, plus de tribunal de la faillite. La disposition du § 7 de l'art. 59 du Code de procédure civile cesse d'être applicable; ou rentre dans le droit commun. Or, de droit commun, les actions en nullité de contrat, pour cause de dol, se portent devant le tribunal civil du domicile du défendeur, sauf en matière de sociétés commerciales.

Mais le doute ne peut plus s'élever en présence des articles 522 et 635 de la nouvelle loi sur les faillites. Le concordat est un acte de la faillite dont la résolution, comme nous le verrons ci-après, fait revivre cette faillite au lieu d'en ouvrir une seconde. D'où il suit que c'est au tribunal qui a prononcé l'homologation du concordat à connaître de la nullité de ce traité pour cause de dol.

180. En ouvrant aux créanciers l'action en nullité pour cause de dissimulation de son actif ou d'exagération de son passif, la loi n'a point entendu leur interdire la dénonciation des faits au ministère public, ni toute intervention dans l'instance criminelle poursuivie à raison des mêmes faits. Ils peuvent, à

leur choix, exercer l'une ou l'autre action ; l'article 592 leur en réserve formellement le droit.

Quand nous disons qu'ils peuvent exercer l'une ou l'autre action, il ne faut pas en conclure qu'il appartient aux créanciers de nantir la justice criminelle ; non : l'initiative des poursuites devant la cour d'assises est le droit exclusif des magistrats. La partie qui a souffert du fait incriminé ne peut que se rendre partie civile, c'est-à-dire, se joindre au ministère public pour assurer d'autant mieux la condamnation.

181. Le créancier qui a formé l'action en nullité devant le tribunal de la faillite, peut-il, s'il y a des poursuites criminelles commencées, se rendre partie civile ? Lorsqu'il s'est joint d'abord au ministère public, a-t-il encore le droit de nantir le tribunal de commerce par une action en nullité ?

Il est de règle que celui qui a deux voies pour atteindre le même but ne peut pas abandonner celle qu'il a choisie pour suivre l'autre. *Una via electa, altera nec sequi potest.*

Cette règle, en la supposant consacrée par la jurisprudence, ne doit point être appliquée ici d'une manière absolue. Une distinction nous paraît nécessaire. Si l'action criminelle est formée, le créancier qui se rend partie civile ne peut plus ensuite demander la nullité du concordat devant le tribunal de commerce. Il y serait non-recevable, parce que, si le failli est condamné, son but est atteint, le concordat étant nul de plein droit : que si le failli est acquitté, il y a chose jugée contradictoirement avec lui. Désormais il est vrai , pour lui , que le failli n'a ni exagéré son passif, ni dissimulé son actif.

Mais si l'action du ministère public ne vient qu'après la demande en nullité, cette demande, nous le pensons , n'élève point une fin de non-recevoir contre l'intervention du créancier dans l'instance criminelle. Celle-ci domine l'autre ; elle intéresse plus vivement la société qui sollicite le concours des parties lésées pour mieux assurer la répression. Seulement le créancier sera réputé avoir renoncé à sa demande en nullité, pour se soumettre à la décision du jury.

182. Si, au lieu d'intervenir dans l'instance criminelle , le créancier formait ou suivait sa demande en nullité , le tribunal de commerce ne serait point obligé d'attendre , pour statuer, la décision de la cour d'assises. La suspension de l'instance ne saurait avoir aucun effet utile , parce que la condamnation du prévenu entraînant la nullité du concordat, le jugement du tribunal ne peut point infirmer cette conséquence nécessaire de la décision du jury ; parce que encore la décision du jury, qui acquitte le prévenu, n'a pas la puissance d'anéantir le jugement du tribunal.

En admettant que la cour d'assises prononce avant le tribunal, le tribunal, s'il y a condamnation, obligé de remplir les formalités prescrites par l'article 522, n'a plus à s'occuper de la demande en nullité ; il la déclare non-avenue et statue seulement sur les frais. S'il y a acquittement , il suit l'instance en nullité , parce que la règle est que les tribunaux civils ne sont point liés par les décisions au criminel , non contradictoires avec la partie qui poursuit la nullité. Ce point de doctrine ne fait plus difficulté.

183. Nous n'avons supposé que le cas où l'action criminelle reposerait sur le fait de dissimulation de l'actif ou d'exagération du passif , pour savoir si le créancier pourrait intervenir dans l'instance, et pour établir les conséquences de cette intervention. Nous devons supposer maintenant que les poursuites criminelles sont fondées sur la soustraction des livres , ou le détournement de quelques valeurs mobilières, et nous demander si le créancier serait reçu à se porter partie civile dans l'instance ; s'il serait reçu à former l'action en nullité, en cas d'acquittement du failli.

Que le créancier puisse se joindre au ministère public dans ce cas , comme dans l'autre , nous n'y voyons aucun doute. La loi l'y invite , loin de s'y opposer , et l'on ne peut pas dire qu'il y soit sans intérêt.

Mais qu'après l'acquittement du prévenu , il soit admis à former l'action en nullité du concordat , on peut y faire difficulté. Nous pensons qu'il y a à considérer de quelle manière les questions ont été posées au jury.

S'il n'y a qu'une question et qu'elle soit ainsi établie : Le prévenu *a-t-il soustrait ses livres ou détourné telle valeur ?* La réponse négative du jury ne repousse pas l'action en nullité, par la raison que l'exagération du passif ou la dissimulation de l'actif peut exister, quoiqu'il n'y eût eu ni soustraction de livres, ni détournement de valeurs, ou quoique, en fait, le détournement ou la soustraction serait vraie, mais que les circonstances eussent déterminé le jury à ne pas y voir un crime.

Mais si la question était posée en ces termes : Le *prévenu a-t-il, dans l'intention de tromper ses créanciers,* soustrait, etc. La réponse négative du jury semble devoir écarter l'action en nullité du créancier. A nos yeux, il est jugé avec ce créancier, que le failli ayant agi sans l'intention de tromper, il n'y a de sa part ni dissimulation de son actif, ni exagération de son passif. On conçoit très-bien que la soustraction ou le détournement ait eu lieu sans qu'il en résulte un préjudice réel pour les créanciers. Le bilan n'est pas démenti par les livres, l'objet détourné se trouve mentionné sur le bilan, compris dans l'inventaire. Un instant le failli a cédé à une mauvaise pensée, mais au moment solennel sa conscience s'est émue, et il est redevenu honnête homme.

184. Terminons par faire observer que l'acquit-

tement du failli laisse les frais de la poursuite à la charge des créanciers qui se sont rendus partie civile. (Art. 592). C'est cette disposition qui nous a autorisé à dire que la loi invite les créanciers à se joindre au ministère public. Autrefois la partie civile était tenue des frais envers le trésor public, même en cas de condamnation, sauf recours contre le condamné; recours trop souvent illusoire. (V. loi du 28 avril 1832).

Section 2me.

De la cause de la résolution du concordat.

185. La loi ne reconnaît qu'une seule cause de résolution du concordat, le défaut d'exécution, par le failli, des engagements qu'il y a contractés. (Art. 520).

Cette cause de résolution n'était point écrite dans l'ancien Code de commerce. Quelques auteurs (1) en tiraient la conséquence que les tribunaux ne pouvaient point la prononcer; mais la jurisprudence s'était formée en sens contraire, en se fondant sur les dispositions de l'article 1184 du Code civil (2). Sans

(1) V. notamment Boulay-Paty, n° 294.

(2) Nous en prenons occasion de dire que, dans cet article 1184, le mot *condition* est employé par inadvertance. C'est en effet la *clause résolutoire* qui est sous-entendue

doute cela était juste en principe, mais aussi cela entraînait de graves inconvénients sous une législation qui ne réglait point les effets de la résolution en une matière gouvernée par des dispositions exceptionnelles au droit commun. Aussi remarque-t-on que si, lors de la discussion de la loi de 1838 dans les assemblées législatives, le principe de la résolution fut accueilli par tous les esprits, on s'y livra à de longs débats pour en déterminer les effets. On doit comprendre, par là, quelles difficultés ont dû surgir de la jurisprudence antérieure à cette loi, et combien il importe que les tribunaux soient attentifs à ne se pas montrer plus sages que la loi, même sous prétexte d'équité, en appliquant à ces matières toutes spéciales les principes généraux du droit.

186. Les créanciers d'un failli ont donc aujourd'hui le droit de demander la résolution du concordat, faute par lui de remplir ses engagements.

Ce droit, ils ne sont point obligés de l'exercer collectivement : Il appartient à tous et à chacun en particulier, sans distinction de ceux qui ont signé le concordat d'avec ceux qui ne l'ont pas signé ou qui y auraient fait opposition. De hautes raisons l'ont

dans les contrats, et non la *condition résolutoire.* Autrement il serait vrai qu'à défaut de paiement du prix, la vente serait résolue de plein droit pour l'acquéreur comme pour le vendeur, et non pas seulement résoluble sur la demande de ce dernier.

ainsi voulu. Cependant cela a fait difficulté. La chambre des pairs avait demandé que l'action ne fut exercée que par la majorité des créanciers en nombre et en créances (1). « Il n'y a que deux parties contrac-
» tantes, disait son rapporteur : d'un côté les créan-
» ciers, de l'autre le failli. Les créanciers stipulent
» et contractent collectivement ; leur réunion est
» nécessaire pour former le contrat. N'est-il pas
» juste que cette réunion soit nécessaire pour le dé-
» truire? Doit-on livrer le sort de tous à la volonté
» individuelle de chacun ? »

Ces raisons avaient fait impression sur la seconde commission de la chambre des députés, qui exigea la majorité des créanciers, au moins pour le cas où les cautions resteraient engagées nonobstant la résolution du concordat.

Cependant, c'était évidemment demander l'impossible ou lancer les créanciers dans une procédure interminable et peut-être sans résultat. Après le concordat, il n'y a plus d'être collectif; il ne reste que des individus, chacun avec son droit personnel. Qui eut eû le droit de les convoquer et de les réunir? Quelle autorité eut pu recueillir les voix et constater la majorité ? Sur quelle base eût-on supputé cette majorité ? Qu'eût-on fait si les créanciers ou désintéressés, ou insouciants, ou absents, ne se fussent pas présentés, ou ne se fussent présentés qu'en petit nom-

(1) Voyez Renouard, tome 2, p. 99.

bre ? Si on eut maintenu le concordat en ce cas, on eut implicitement autorisé le failli à ne satisfaire qu'un certain nombre de ses créanciers et à ne pas payer les autres.

Il est donc aussi rationnel que juste de laisser à chaque créancier individuellement l'action en résolution, lorsque le failli refuse ou néglige de lui payer les dividendes stipulés dans le concordat.

187. L'article 510 ne borne pas l'action résolutoire au seul cas où le failli ne paie pas les dividendes qu'il a promis. Il se sert du mot *engagement* pour faire entendre que tout ce à quoi le failli s'est obligé doit être exécuté par lui, s'il ne veut pas voir prononcer la résolution du concordat. Si donc le failli s'était engagé à fournir une caution, à souscrire des billets garantis par un tiers, à émettre des traites acceptées par des personnes solvables, à donner hypothèque sur les biens de quelque parent ou ami, etc., et qu'à l'époque convenue dans le traité, il n'aurait pas rempli cet engagement, chaque créancier serait admis à faire prononcer la résolution de ce traité.

Toutefois, nous pensons que, selon les circonstances, le tribunal pourrait accorder au failli un délai modéré pour remplir son engagement. Mieux vaut faciliter un failli de bonne foi que de se hâter de rouvrir la faillite, sans profit pour les créanciers.

188. L'action en résolution n'est point limitée.

Elle dure pendant tout le temps que le failli n'est pas libéré. De sorte que s'il vient à se libérer par la prescription de trente ans, l'action en résolution sera éteinte le jour même que la prescription sera acquise.

Cette action se porte devant le tribunal qui a connu de la faillite ; seul il est compétent pour prononcer la résolution, par cela même qu'elle fait revivre la faillite.

SECTION 3me.

Des mesures conservatoires en cas de poursuites en banqueroute frauduleuse.

189. Les demandes en nullité du concordat étant de nature à provoquer l'action publique, elles devraient inspirer au législateur la crainte que le failli, pour en éviter les conséquences, se hâtat de faire disparaître tout ou partie de ses valeurs actives. Il a donc dû, au moment où il accordait aux créanciers le droit de la former et prévoyait les poursuites du ministère public, se préoccuper des mesures conservatoires propres à garantir les intérêts des créanciers. Dans sa haute sagesse, il a pesé les inconvénients que ces mesures étaient destinées à prévenir, et les dangers qu'elles pourraient créer, soit à l'égard des créanciers si elles étaient insuffisantes ou inefficaces, soit relativement au failli devenu maître de ses droits et toujours couvert par la présomption de son innocence. Il s'est demandé si ces mesures seraient opportunes dans le cas de demande en résolution aussi bien que dans le cas de l'action criminelle contre le failli, et il a déposé dans l'article 521 le résultat de ses méditations. « Lorsque, est-il dit » dans cet article, le failli sera poursuivi pour ban- » queroute frauduleuse et placé sous mandat de dé- » pôt ou d'arrêt , le tribunal de commerce pourra » prescrire telles mesures conservatoires qu'il ap- » partiendra. Ces mesures cesseront de plein droit » du jour de la déclaration qu'il n'y a lieu à suivre, » ou du jour de l'ordonnance d'acquittement ou de » l'arrêt d'absolution. »

190. Il résulte de cette disposition importante que :

1° Toute mesure conservatoire est interdite sur la simple demande en nullité du concordat, à plus forte raison, sur l'action en résolution. Elles eussent été nuisibles au failli, sans protéger peut-être aucun intérêt sérieux. L'action ou la demande est ou peut être dictée par l'esprit de vengeance , arrachée à la faiblesse par la cupidité, produite par l'irritation, et, trop précipitée , éclater au moment même où le failli allait se libérer. Soumise d'ailleurs à l'appréciation du tribunal , l'une ou l'autre action peut être rejetée. Cette dernière considération seule suffit pour justifier la loi.

2° **Les** mesures conservatoires ne doivent pas être ordonnées dès l'instant où les poursuites sont requises par le ministère public, soit qu'il agisse d'office, soit qu'il donne suite à la plainte des créanciers. Il faut attendre que le failli soit sous mandat de dépôt ou sous mandat d'arrêt. Qui sait si, lors de son interrogatoire, le prévenu ne se justifiera pas, n'apportera pas la preuve de son innocence? En s'exprimant comme elle l'a fait, la loi semble, il est vrai, ne pas tenir compte du mandat de comparution, ni du mandat d'amener. Or, disent les auteurs, un amendement adopté par les chambres, sur la proposition de M. Chegarray, avait supprimé les mots : *placé sous mandat de dépôt ou sous mandat d'arrêt*, afin de laisser aux tribunaux la faculté de prescrire les mesures conservatoires dans le cas où le prévenu serait en état de mandat d'amener ; état qui peut durer longtemps lorsque le failli est en fuite. Donc il est permis aux tribunaux de les ordonner, nonobstant le texte de l'article 521. Nous répondons que, quoique l'amendement de M. Chegarray paraisse avoir été adopté, il est problable que l'on a senti depuis la possibilité d'abuser du silence de la loi et de se livrer à des mesures conservatoires sur le simple mandat de comparution, ou sous le prétexte de la fuite du failli qui serait absent pour quelques jours. Il est plus sage de s'en tenir à la loi que de la corriger ou d'y ajouter, même ce qui paraîtrait avoir entré, pour un moment, dans les vues du législateur. Du reste, nous pensons que lorsque la fuite du failli est légalement constatée, le tribunal peut et doit prescrire des mesures conservatoires, parce que la fuite activant les perquisitions du ministère public, il y a présomption que le failli, arrêté quelque part par l'autorité, est en état de mandat de dépôt. Il est d'ailleurs réputé rebelle à la loi, et il doit être assimilé à celui qui serait déjà sous la main de la justice. Il serait injuste de le traiter plus favorablement, en lui laissant la faculté de soustraire ses valeurs mobilières et de percevoir ses revenus.

3° La loi s'en rapporte à la sagesse du tribunal sur les mesures à prendre. En les indiquant, elle eût pu se montrer ou trop rigoureuse, ou pas assez prévoyante, ou trop absolue. Les circonstances seules peuvent faire sentir celles que la situation exige. Mais plus la loi se montre confiante, plus la doctrine doit être prévoyante. Dans une matière aussi délicate, il convient de ne pas laisser aux juges consulaires l'exercice d'un pouvoir absolu, sans leur indiquer les limites qu'ils ne peuvent pas dépasser, la ligne qu'ils doivent suivre pour ne pas s'égarer.

Lorsque le tribunal est averti par le ministère public du mandat de dépôt ou d'arrêt lancé contre le failli, il ne lui est pas facultatif de nommer un juge-commissaire et des syndics qui auraient l'administration des biens du failli. Le concordat a terminé la

faillite ; elle n'est point encore rouverte par la condamnation, et il est possible que le failli soit renvoyé
des poursuites, ou acquitté, ou absous. La nomination d'un juge-commissaire et de syndics dépouille-
rait le failli d'un droit acquis et qu'il n'a pas encore
perdu. Les termes de l'article 522 indiquent, d'ailleurs, suffisamment que la faillite ne recommence
qu'après la condamnation.

Toutefois, si le mandat était décerné avant la reddition des comptes des syndics, le tribunal pourrait,
nous le croyons, proroger leurs pouvoirs et les autoriser à retenir les biens, livres et papiers, s'ils ne
les avaient pas encore remis. Dans ce cas, les fonctions du juge-commissaire durent encore, et le
failli n'a pas réellement repris l'administration de ses
biens. Cette marche serait certainement moins nuisible au failli que toute autre mesure, à moins qu'il
n'eût de justes motifs de plainte contre les syndics.
Le tribunal alors les remplacerait par un administra-
teur-gérant auquel ils seraient obligés de rendre
leur compte.

L'apposition des scellés est une mesure que peuvent prescrire les tribunaux, mais seulement dans
le cas où un procès-verbal leur justifie de la fuite du
failli.

Si le failli est présent, s'il se soumet à la justice,
il y a une distinction à faire pour savoir quelle mesure conservatoire peut être prise.

Ou le failli a nommé un mandataire , ou il n'en a pas nommé.

Au premier cas , le tribunal désigne l'un des créanciers ou toute autre personne pour surveiller l'administration du mandataire (1). Celui-ci est obligé de se prêter à cette surveillance, sinon, et s'il s'y refuse, ou cherche à s'y soustraire, le tribunal a le droit de le révoquer et de lui substituer un gérant.

Dans le second cas , le tribunal confère à un ou plusieurs administrateurs, choisis autant que possible parmi les créanciers , la continuation de la gestion du failli. Ce choix demande du discernement et de la prudence. Si le failli a repris son commerce, un commerçant convient mieux que toute autre personne ; s'il a des propriétés rurales, un propriétaire doit , de préférence , en avoir l'administration , à moins qu'elles ne soient exploitées par un fermier.

4° Quelles que soient les mesures prescrites par le tribunal , elles cessent dès l'instant que le failli est acquitté ou absous. Les scellés, s'ils ont été apposés, sont levés ; les syndics, s'ils ont continué leur gestion , ou les administrateurs nommés par le tribunal rendent compte au failli et lui remettent ses biens, ses livres et papiers ; le tout à ses frais. La

(1) Bédarride , n° 653. Cet auteur, comme les autres, se borne du reste à des recommandations exprimées en termes généraux , sans prévoir les différents cas qui exigent de préférence telle ou telle mesure.

loi ne le dit point; mais cela résulte de l'état même des choses. Les frais doivent comprendre la rétribution allouée par le tribunal aux syndics ou gérants.

191. Si le ministère public négligeait ou omettait de prévenir le tribunal de l'état de dépôt ou d'arrêt du failli, ou de sa fuite, tout créancier aurait le droit, en justifiant de l'un ou de l'autre état, de requérir telle mesure conservatoire qu'il appartiendrait. Dès qu'il n'y a plus d'être collectif, chaque créancier peut agir dans l'intérêt de tous. La loi ne s'y oppose pas, puisqu'elle n'a point fait au ministère public l'obligation d'informer le tribunal des actes que ses poursuites ont provoqué.

192. Si le créancier qui poursuit la résolution du concordat n'est pas autorisé à provoquer des mesures conservatoires, il est obligé à une chose qu'il ne doit point négliger; c'est de mettre en cause, d'appeler dans l'instance les tiers qui, dans le concordat, se sont rendus les cautions du failli (art. 520). Ces cautions sont parties au contrat; elles ont intérêt et droit à le défendre contre les actes des créanciers. Si ceux-ci omettaient de les appeler, le jugement qui prononcerait la résolution ferait cesser leur engagement; ils n'auraient plus de titre contre elles.

Section 4ᵐᵉ.

Des effets de la nullité et de la résolution du concordat.

193. Les concordats touchent à des intérêts trop divers et trop graves pour que la loi ne prit pas le soin de régler elle-même les effets nécessaires de la nullité qu'elle prononce, de la résolution qu'elle permet.

Ces effets sont communs à la nullité et à la résolution, ou ils sont propres et particuliers à l'un et à l'autre.

La reconstitution de la faillite et les formalités à suivre,

L'égalité de droits entre les créanciers nouveaux et les anciens,

La validité des actes faits par le failli,

Tels sont les effets communs de la nullité et de la résolution du concordat.

Les effets particuliers de la nullité sont de dégager les cautions et d'empêcher un nouveau concordat.

La résolution n'empêche pas un nouveau concordat; elle ne produit aucun effet particulier.

§ Iᵉʳ.

De la réouverture de la faillite et des formalités à suivre.

194. Il est de règle que la nullité et la résolution

du concordat mettent les parties au même et semblable état que si la convention n'avait jamais existé. Ce principe du droit commun reçoit ici son application, et, loin d'y déroger, la loi de 1838 le consacre de nouveau, en statuant que la nullité ou la résolution du concordat fait revivre la faillite (article 522).

Cette conséquence, dit un auteur (1), ne résulte pas nettement de la disposition de la loi. On doit croire au contraire que son intention est la même que si les termes du projet de loi de 1835 avaient été reproduits. Or, ce projet disait : *s'il se présente des créanciers postérieurs à l'homologation du concordat, une seconde faillite sera ouverte conformément aux règles générales prescrites par la présente loi.*

Ainsi, continue cet auteur, c'est bien une seconde faillite qu'il s'agit d'instruire, sans distinguer, comme dans le projet de 1835, le cas où il se présente de nouveaux créanciers du cas où il n'en apparait aucun.

Nous lui en demandons pardon ; mais il a mal raisonné. De ce que les termes du projet de 1835 n'ont

(1) Lainné p. 274. Dans une note, cet auteur reproche au législateur d'avoir préparé la loi avec *légèreté*. Reproche grave, qui ne nous paraît pas mieux fondé que l'interprétation qu'il donne ici à la loi, à cette loi qui a introduit tant et de si utiles améliorations à l'ancien code.

pas été reproduits dans la loi de 1838, il fallait conclure, non que ses termes sont dans l'intention de cette loi, mais que cette loi les a aucontraire rejetés. Son intention est claire pour quiconque est attentif à ce qu'elle prescrit ; elle cesse d'être douteuse pour quiconque se rappelle qu'elle prévoit le cas de seconde faillite.

C'est donc bien la première faillite qu'elle reconstitue. Les autres auteurs s'en expliquent sans hésiter et sans faire de distinction entre le cas de nullité et celui de résolution.

195. De là cette conséquence, que la faillite doit être reprise sur ses derniers errements ; comme l'a jugé la cour de Colmar, le 16 avril 1849 (1), c'est-à-dire, qu'on la reprend au dernier acte qui a précédé l'homologation du concordat.

196. Une difficulté peut naître de l'application de cette règle, et il est probable qu'elle se présentera prochainement dans une espèce où nous avons plaidé pour le syndic sur une autre question que nous indiquerons ici. Cette espèce est celle rapportée ci-dessus, n° 5, où nous avons discuté l'arrêt de la cour de Poitiers duquel peut sortir la difficulté que nous signalons.

En vertu de cet arrêt, le créancier poursuivit la vente des immeubles du failli et fit ouvrir un ordre sur le prix. Des contestations s'élevèrent sur cet or-

(1) Dalloz, 51-2-120.

dre ; mais avant qu'il y fut statué, un créancier chyrographaire, non payé de ses dividendes, fit prononc-
cer la résolution du concordat. La faillite se trouvant
ainsi rétablie, le créancier voulut faire vérifier sa
créance. Le syndic consentit à l'admettre pour le capital et les intérêts; mais il refusa d'allouer les frais et
contesta l'hypothèque, en s'appuyant sur le jugement
qui avait reporté l'ouverture de la faillite à une époque où le créancier n'avait pas pu l'acquérir. Celui-
ci opposa l'arrêt qu'il avait obtenu, et prétendit qu'il
y avait chose jugée sur son droit d'hypothèque. Le
juge-commissaire renvoya les parties devant le tribunal qui décida que, l'arrêt n'ayant pas jugé que le
report de la faillite eut été prononcé sans cause, sans
motifs et à tort, la cour n'avait statué que par simple fin de non-recevoir contre le failli, et que dès
lors, le concordat, étant réputé n'avoir jamais existé, le report de la faillite devait être maintenu.

Il y a appel de ce jugement. En supposant qu'il
soit confirmé, le créancier pourra-t-il prétendre que
la faillite, devant se reconstituer sur ces derniers
errements, son appel du jugement qui a repoussé son
opposition, existe encore, et qu'il peut reprendre
l'instance contre le nouveau syndic ?

Si le créancier appelant eût laissé sommeiller son
instance, en se bornant à faire des actes conservatoires de son droit, pour se présenter à l'ordre lors
de la distribution du prix des immeubles du failli,

ce qu'il eût pu faire avec sûreté, puisque le failli n'avait ni droit ni qualité pour lui opposer le jugement qui faisait remonter l'ouverture de sa faillite ; nous n'hésiterions pas à dire qu'il aurait encore aujourd'hui le droit de poursuivre l'instance d'appel contre le nouveau syndic. Mais, en demandant à la cour de statuer sur son appel, d'infirmer le jugement de première instance, il a épuisé son droit ; l'instance est éteinte. Désormais le jugement de report a contre lui, à l'égard des créanciers non parties dans l'arrêt, toute la force de la chose jugée.

197. Mais la cour confirmera-t-elle le jugement du tribunal de commerce ; ce jugement qui refuse au créancier de ranger sa créance au nombre des créances hypothécaires ? Nous le pensons. Jusqu'à présent on n'a présenté qu'un seul argument en faveur du créancier. On a dit : ce qui est jugé contradictoirement avec le failli est vrai pour ses créanciers comme pour lui, lorsque le jugement est passé en force de chose jugée, et, à l'appui de cette proposition, on a cité plusieurs arrêts.

Sans doute ce qui est jugé contre le failli, dans le temps qu'il a toute sa capacité, est réputé jugé contre ses créanciers, lorsqu'ils sont sans droit à attaquer le jugement par la voie de la tierce opposition. Mais cela n'est vrai que lorsque le failli a droit et qualité pour intenter l'action ou pour y défendre. Or, l'arrêt invoqué contre le syndic, cet arrêt que l'on dit

passé en force de chose jugée contre les créanciers,
décide précisément que le failli n'avait ni droit ni
qualité pour soutenir le bien jugé du jugement dont
était appel. La cour a donc implicitement jugé que
le failli ne représentait pas, ou ne pouvait pas représenter les créanciers. Toute faillite, en effet, crée
deux intérêts distincts; l'intérêt des créanciers, l'intérêt du failli ; et, de ces intérêts opposés, naissent incontestablement des droits et des actions que le failli
n'a pas, que les créanciers seuls peuvent exercer.
Tels le droit de demander la fixation de l'ouverture
de la faillite, l'action en nullité contre certains actes
de la faillite, la faculté de former opposition au concordat, etc.; droits et actions qui sont absolument
déniés au failli. Donc le tribunal a eu raison de juger que l'arrêt en question n'a pas force de chose jugée contre les créanciers, en ce qui est relatif au
jugement qui fixe l'ouverture de la faillite, puisque
le failli n'avait ni droit ni qualité pour défendre à
l'appel sur ce point.

Il y a plus, les motifs de l'arrêt prouvent que le
failli n'aurait pas dû être appelé dans l'instance. Il
était étranger aux jugements frappés d'appel ; l'arrêt
à intervenir ne pouvait pas, ne devait pas être déclaré commun avec lui. Si donc, comprenant bien
sa position et celle de l'appelant, il ne se fût pas mal-
adroitement substitué aux syndics pour défendre les
jugements attaqués ; s'il se fût borné à conclure au

non-recevable de l'appel à son égard, il eût mis l'appelant dans l'impossibilité de faire statuer sur son appel ; ou tout au moins, il eût rendu inutile et sans effet l'arrêt par défaut que l'appelant eût requis contre les syndics.

198. Quoi que ce soit la première faillite qui se reconstitue après la nullité ou la résolution du concordat, et que les choses soient remises au même état qu'avant le traité, le juge-commissaire et les syndics ne reprennent pas leurs fonctions de plein droit. Les pouvoirs qu'ils tenaient de leur nomination avaient cessé par la seule force de la loi ; un simple fait, l'annulation ou la résolution du concordat, n'a pas la puissance de les leur rendre. Il eût même été dangereux que la loi le voulut ainsi. En cette matière, tout demande célérité, et il serait arrivé souvent que le juge-commissaire ou les syndics n'eussent plus été en position de continuer leur mandat. Aussi, l'article 522 prescrit-il au tribunal la nomination d'un juge-commissaire et d'un ou de plusieurs syndics, au vu de l'arrêt de condamnation, ou par le jugement même qui annule ou qui résout le concordat.

199. En faisant cette nomination, le tribunal peut-il ordonner le dépôt du failli dans une maison d'arrêt ou soumettre sa personne à la garde d'un agent de la force publique ? Le silence de l'article 522 laisse du doute sur ce point. En général, les mesures de rigueur ne peuvent être prises qu'avec

l'autorisation de la loi. Dès qu'elle se tait, dès que l'on suppose qu'avant le concordat, le failli jouissait de sa liberté, et par cela même qu'après la révocation de ce traité les choses sont remises au même état, il ne paraît guère possible au tribunal d'user de la faculté, ou plutôt, d'obéir à l'obligation que lui impose l'article 455.

Cependant, nous pensons que le tribunal le peut, qu'il le doit même selon les circonstances. La faillite revit ; elle continue sur les derniers errements. Donc le tribunal, qui d'abord avait affranchi le failli du dépôt ou de la garde de sa personne, peut rapporter la partie du jugement qui prononçait cet affranchissement. (Art. 456). On ne concevrait pas que le silence de l'article 522 s'opposât à l'exercice de la faculté laissée au tribunal de revenir à des mesures sévères, lorsque les circonstances rendent plus que suspecte la bonne foi du failli. Convaincu d'avoir commis un dol, convaincu de n'avoir pas rempli ses engagements, il ne mérite aucune indulgence ; on peut craindre des détournements préjudiciables aux créanciers ; on peut craindre de nouvelles manœuvres pour les tromper. C'est au tribunal à peser les circonstances et à statuer selon les causes qui ont empêché le failli de remplir ses engagements.

200. Les syndics peuvent faire apposer les scellés (même article). La loi ne les y oblige point, parce qu'elle a prévu que cette mesure ne serait pas né-

cessaire dans tous les cas indistinctement. Si les poursuites criminelles ont amené des mesures conservatoires, elles suffisent pour garantir les intérêts des créanciers ; les scellés seraient inutiles.

S'il s'est écoulé un assez long temps entre le concordat et la demande en nullité ou en résolution ; si le failli a confié la gestion de ses affaires à un mandataire ; s'il a continué le commerce, recueilli des successions ou des legs, il y a présomption que les objets mobiliers du failli ont changé de consistance et de valeur, que des détournements ont eu lieu ou peuvent se commettre. L'apposition des scellés est urgente ; il serait imprudent aux syndics de ne pas la requérir.

201. Par la raison que ce n'est pas une nouvelle faillite qui commence, mais la première qui se continue, l'inventaire des valeurs actives et passives du failli est un acte qui ne se renouvelle pas, mais sur les errements duquel on poursuit les opérations de la faillite. Les syndics ont à se préoccuper seulement du récollement de cet inventaire, c'est-à-dire, de la constatation de celles des valeurs actives qui n'existeraient plus en nature, et d'un supplément d'inventaire, s'il existe des valeurs nouvelles. (Art. 522). Ces deux actes, qui peuvent s'établir à la suite l'un de l'autre, complètent l'inventaire. Cependant ils ne suffisent pas pour faire connaître la nouvelle position du failli. Il a pu éteindre, en tout ou en par-

tie, quelques-unes de ses dettes ; il a pu en contracter de nouvelles. Un nouveau bilan devient donc nécessaire. La loi ordonne qu'il sera fait ; mais elle ne
laisse pas au failli la faculté, ou, plutôt, elle ne l'oblige
pas de le dresser. Elle en confie le soin aux syndics,
même dans le cas de résolution du concordat. Cela
est conséquent avec la règle que , pendant la faillite,
les actes de cette faillite ne sont pas permis au failli.

Nous omettions de faire remarquer que les syndics ne peuvent procéder au récollement et au supplément d'inventaire qu'en présence du juge de paix.
C'est une garantie que la loi donne aux créanciers
de la sincérité de ces deux actes.

202. La loi ne dit point que les livres du failli , s'il
a continué le commerce, seront de nouveau clos et
arrêtés en présence du failli ou de son fondé de pouvoirs. Elle n'autorise point non plus le juge-commissaire à entendre le failli ou toute autre personne sur
la formation du second bilan. Son silence autorise-t-il
à penser que le juge-commissaire et les syndics outre-
passeraient leurs pouvoirs, s'ils appelaient près d'eux
le failli , l'un pour s'éclairer sur les énonciations du
nouveau bilan ; les autres, pour remplir une formalité prescrite par l'article 475 ? Non , sans doute ;
aucun motif sérieux n'a pu déterminer la loi à interdire des mesures utiles et dont l'omission créerait
peut-être des embarras, en faisant naître des difficultés. Nous croyons même qu'il est du devoir des syn-

dics de clore et d'arrêter les livres dès qu'il est constant que de nouvelles écritures y sont passées. Il ne faut pas laisser au failli le moindre prétexte de méconnaitre ces écritures, ou d'alléguer qu'elles ont été modifiées, altérées, falsifiées.

Nous croyons aussi que les nouveaux syndics doivent, le cas échéant, se conformer aux prescriptions des articles 484 et suivants, jusques et y compris l'article 490.

203. Immédiatement la formation du bilan, les syndics feront afficher et inscrire dans les journaux, avec un extrait du jugement qui les nomme, l'invitation aux créanciers nouveaux, *s'il en existe*, de produire dans les vingt jours leurs titres de créance à la vérification. Cette invitation sera faite aussi par lettres du greffier, conformément aux articles 492 et 493. (Même article 522).

Ces mots : *S'il en existe*, laissent un peu d'équivoque dans la pensée de la loi. Ils font croire en effet que, si le bilan n'indique aucun créancier nouveau, la publication de l'extrait du jugement et l'invitation publique aux créanciers de produire leurs titres, seraient inutiles, comme l'invitation par lettres, qui, du reste, ne pourrait pas se faire en pareil cas. Ce n'est pas ainsi pourtant qu'il faut entendre la loi. Elle a le même sens que si les mots : *s'il en existe*, ne se trouvaient point dans son texte. Il se peut que les livres du failli ne mentionnent point une dette qu'il aurait contractée depuis le concordat , et il est juste que le créancier soit prévenu du nouvel état des choses, pour qu'il se mette en mesure de faire valoir ses droits. L'invitation publique s'adresse particulièrement à ceux qui sont omis dans le bilan. Au surplus, le jugement qui fait revivre la faillite doit être rendu public , autrement il pourrait être ignoré , même des anciens créanciers. Il n'en coûte rien d'ajouter, à cette publication, l'invitation adressée aux nouveaux créanciers de produire leurs titres dans le délai prescrit.

204. L'affiche et l'insertion dans les journaux de l'extrait du jugement et de l'invitation aux nouveaux créanciers , doivent se faire dans les lieux indiqués par l'article 442. Quoique l'article 522 ne le dise pas , il est évident que la loi exige pour le second jugement la même publicité que pour le jugement déclaratif de la faillite.

Il convient de remarquer aussi que le délai de vingt jours est absolu et obligatoire pour tous les créanciers nouveaux, quel que soit l'éloignement de leur domicile.

205. Le délai de vingt jours expiré, le juge-commissaire doit procéder sans retard à la vérification des créances nouvelles. Il n'a point à s'occuper des anciennes dans ce moment ; il y a certitude qu'elles sont sincères par cela seul qu'elles ont été admises et affirmées une première fois. Seulement, et lors de

la réunion pour le concordat ou la distribution des deniers, il rejetera de la masse celles qui seront éteintes par le paiement des dividendes, et y admettra les autres pour ce qui restera dû. (Art. 523).

Cependant, si un créancier ancien, encore en retard, ou dont le droit n'aurait été reconnu que depuis, se présentait à la vérification, il y devrait être admis. Pendant que le concordat était en vigueur, il avait le droit d'agir contre le failli pour en obtenir des dividendes ; la réouverture de la faillite ne le prive pas de son droit et le met dans l'obligation de faire vérifier sa créance et de l'affirmer.

S'il ne se présente aucun créancier ni ancien ni nouveau, le juge-commissaire convoque les créanciers. Nous nous occuperons de cette convocation en un autre lieu ; nous n'avons à parler ici que des formalités qui la précèdent.

§ 2.

De la Validité des actes faits par le failli.

206. Le concordat avait remis le failli dans l'exercice de ses droits ; il avait la capacité de contracter et de s'obliger. Il a donc pu aliéner une partie de ses biens, en acquérir d'autres, faire des emprunts, se livrer à des opérations de commerce, sans que ses engagements puissent être présumés l'œuvre

d'une fraude pratiquée à l'encontre des créanciers. La loi les présume valables et ne permet de les annuler que si l'on rapporte la preuve de la mauvaise foi de la personne qui a traité avec le failli (article 525).

Cette règle s'applique, au cas de résolution comme au cas de nullité du concordat, et sans distinction des actes faits après l'action, de ceux qui ont une existence antérieure. Cette distinction eut été arbitraire, et, par cela même, dangereuse, surtout en l'absence de toute disposition de loi qui prescrive la publicité de l'action. Les tiers eussent pu, malgré leur bonne foi, être atteints par la nullité ou par la résolution.

207. Ne perdons pas de vue, en effet, que la nullité des actes passés avec le failli ne peut pas être prononcée si les tiers n'ont pas participé à la fraude. Il ne suffit pas que le failli ait agi avec l'intention de tromper ses créanciers, il faut de plus que les tiers aient consenti à favoriser ses vues, ou qu'ils aient agi avec la connaissance de sa position, c'est-à-dire, de l'impossibilité où il se trouve de faire face à ses engagements. Si l'article 446 annule certains actes de plein droit, c'est précisément parce que la loi présume la fraude, tant de la part des tiers, créanciers ou non, que de la part du failli. L'article 525 repose sur le même principe que l'article 467 qui ne regarde l'acte comme frauduleux que lorsque les

deux parties sont de mauvaise foi.

208. En matière de faillite, il faut aller plus loin cependant, et dire que certains actes doivent être annulés quoiqu'il n'y ait mauvaise foi que d'un côté, ou même une simple erreur de fait, pourvu que ce soit du côté du créancier. Par exemple, postérieurement à l'action en nullité ou en résolution un créancier poursuit le failli, fait saisir les immeubles ou arrêter des sommes qui lui sont dues. La saisie-arrêt ou la saisie-expropriation sera annulée si le concordat est annulé ou résolu. Il y a à cela deux raisons : la première, que le créancier ne peut pas faire sa condition meilleure ; la seconde, que pendant la faillite il n'a plus l'exercice de son action individuelle. Sur ce point la jurisprudence est uniforme. Admettre le contraire, ce serait évidemment favoriser la mauvaise foi d'un créancier qui, averti de l'imminence de la faillite, se hâterait d'agir sur les valeurs mobilières du failli pour se couvrir de toute sa créance, au préjudice des autres créanciers.

209. Quant aux actes faits par le failli postérieurement au jugement qui annule ou résout le concordat; ils sont nuls de plein droit. Il n'a plus la capacité de les consentir, et les tiers, qui ne peuvent légalement ignorer son état, ne sont plus admis à se prévaloir de leur bonne foi.

§ 3.

De l'égalité entre les créanciers nouveaux et les anciens.

210. Un troisième et dernier effet commun à la nullité et à la résolution du concordat, c'est l'égalité de dróits et d'obligations entre les créanciers nouveaux et les créanciers anciens.

Egalité de droits, parce que, en effet, et sauf, bien entendu, les causes légitimes de préférence, tous peuvent concourir à un nouveau concordat, s'il y a lieu ; ou participer à la répartition de l'actif net du failli, chacun en proportion de ce qui lui est dû. Nous verrons qu'à cet égard, la loi ne permet point aux anciens créanciers de figurer à la masse pour la totalité de leurs créances primitives ; mais qu'elle ne les réduit pas non plus au chiffre des dividendes qu'ils n'ont pas reçus.

Egalité d'obligations, parce que tous sont tenus de justifier de leur droit et d'exécuter le nouveau concordat, s'il est homologué.

Il n'est pas besoin d'observer que tous ont le droit de former opposition au concordat ; que tous sont obligés d'observer, pour l'exercice de ce droit, les formes et les délais prescrits par la loi.

211. Du principe de l'égalité résulte que l'hypothèque inscrite, en vertu des articles 470 et 517 profite aux créanciers nouveaux comme aux anciens.

Il n'y a qu'une faillite ; il n'y a qu'une masse.

Les auteurs enseignent que la nullité ou la résolution du concordat enlève ses effets à l'hypothèque accordée par l'article 517 , pour faire revivre celle de l'article 470. Ce n'est pas parler exactement, ce nous semble. L'article 517, comme nous l'avons déjà remarqué ci-dessus (1), ne donne point aux créanciers une nouvelle hypothèque ; il conserve celle déjà inscrite conformément à l'article 470. Seulement il confère à chaque créancier le droit de la faire valoir individuellement pour ce qui lui est dû ; droit nécessaire alors qu'il n'existe plus de masse dont les représentants légitimes puissent agir. Il suit de là , qu'après le jugement qui annule ou résout le concordat , ce n'est pas l'hypothèque qui change , c'est le droit individuel de la mettre en action qui cesse. Ce droit revient à la masse , c'est-à-dire , aux syndics qui seuls désormais peuvent invoquer le bénéfice de l'hypothèque, si cela devient nécessaire. Autrement, en admettant deux hypothèques, dont l'une aurait momentanément effacé l'autre, il serait douteux que , la dernière cessant, la première put reprendre toute sa force sans une nouvelle disposition de la loi , sans une nouvelle inscription qui avertit les tiers de son existence.

212. Mais , soit que l'hypothèque revive , soit qu'elle continue, une difficulté assez sérieuse se pré-

(1) N° 164.

seute , que la science n'a point encore entrevue.

Pendant l'existence du concordat le failli a pu constituer une hypothèque ou la laisser prendre. La loi
dit elle-même que les actes qu'il a fait sont valables,
s'ils ne sont pas frauduleux. Donc cette hypothèque
doit produire tous ses effets. Qu'on ne puisse pas ,
néanmoins . l'opposer aux créanciers anciens, cela
se conçoit ; leur hypothèque était inscrite ; mais
quant aux nouveaux créanciers , est-il juste de leur
donner la préférence sur le créancier hypothécaire ?
Le peut-on ? Le doit-on ? Si l'on répond *oui*, l'hypothèque du créancier demeure sans effet ; elle est annulée comme si elle était attachée à un acte frauduleux ; ce qui est contraire à la disposition formelle
de l'article 525. Si l'on répond *non* , les créanciers
nouveaux ne jouissent pas de l'hypothèque accordée
aux anciens ; l'égalité est rompue.

Nous avouons notre embarras à sortir de cette
alternative , parce que nous ne le pouvons pas sans
blesser la loi. Voici cependant ce qui nous paraît se
rapprocher le plus de ses intentions.

213. Depuis l'homologation du concordat jusqu'au jugement qui en prononce la nullité ou la
résolution , le failli a pu prendre sans doute des engagements envers les tiers ; mais ceux-ci, en contractant avec lui , n'ont pas dû ignorer que sa capacité ne va pas jusqu'à leur conférer des droits en opposition avec les droits des créanciers de la faillite.

L'acte peut donc être valable en soi, sans qu'il doive produire tous ses effets au préjudice de la masse.

Les tiers qui contractent avec le failli doivent savoir aussi que le concordat est un acte annulable et résoluble ; que par conséquent, d'un instant à l'autre, l'état de faillite peut revivre ; que si cet état n'infirme pas les actes valablement faits par le failli, du moins il en règle, il en modifie les effets relativement à la masse. Cette masse est une, et elle est réputée exister dès le jugement qui déclare la faillite. Pour la reconstituer, la loi n'a point égard à la date des titres, et si elle parle de *créanciers nouveaux*, c'est uniquement pour faire cesser une distinction injuste dans ses résultats, en les appelant à concourir avec les anciens.

Le créancier donc qui accepte une hypothèque ou qui en prend une, n'ignore pas l'inscription prise en faveur des créanciers de la faillite, et, averti qu'il est que ces créanciers peuvent de nouveau former une masse qui comprendra de nouveaux noms, il n'a pas à se plaindre de ce que l'hypothèque de cette masse soit préférable à la sienne sur les biens que possédait le failli au jour de la signature du concordat. Son titre pour cela n'est pas annulé ; il produit tous ses effets ; et, s'il est advenu des immeubles au failli depuis le concordat, son hypothèque les frappera utilement ; elle passera avant celle de la masse.

214. Nous disons, avant *l'hypothèque de la masse,*

parce que, comme nous l'avons vu, cette hypothèque
ne frappe point les biens à venir du failli. Par conséquent, pour que l'hypothèque de la masse atteigne
ces biens, il faut que les syndics inscrivent le jugement qui prononce la nullité ou la résolution du concordat. Si ce jugement produit une sorte d'effet ré-
troactif, ce n'est pas pour donner aux créanciers des
droits qu'ils n'avaient pas avant le concordat ; mais
seulement pour les rétablir dans les droits auxquels
ils avaient renoncé dans le traité.

215. Telle nous paraît être la solution à donner
à la difficulté que nous avons entrevue ; mais pour
que cette solution soit rationnelle, ou plutôt, pour
que la difficulté soit sérieuse, il faut tenir pour certaine une chose au moins fort douteuse, à savoir :
que l'inscription du jugement d'homologation conserve aux créanciers, à l'égard des tiers, non pas
seulement les dividendes stipulés dans le concordat ;
mais encore tout ce qui leur sera dû en cas d'inexécution ou de nullité de ce contrat.

Toute inscription doit énoncer les sommes qu'elle
est destinée à conserver. (Art. 2148 du Code civil).
Or le concordat a déterminé les sommes à payer par
le failli. Elles doivent donc être indiquées dans le
bordereau d'inscription, comme nous l'avons dit ci-
dessus (1). Conséquemment cette inscription ne

(1) N° 170 *bis*.

grève les biens que jusqu'à concurrence desdites sommes et de leurs accessoires. Les tiers qui depuis ont stipulé une hypothèque du failli , l'ont fait dans la pensée que l'hypothèque des créanciers devait se restreindre aux sommes inscrites ; et , comme leur hypothèque est valable, elle ne peut être primée que jusqu'à concurrence de ce qui restera dû sur les dividendes , et non par le surplus des créances qui ont été l'objet du concordat. Ces principes sont hors de toute contestation. Leur application nous paraît inévitable , même dans le cas où la faillite est ouverte de nouveau par la nullité ou la résolution du concordat. Si cette nullité , si cette résolution enlève à chaque créancier le droit individuel de se prévaloir de l'hypothèque , cela n'est vrai que dans l'intérêt de la masse ; mais cela ne touche pas au droit des tiers.

Il est de principe aussi qu'en cas de novation , les hypothèques de la première dette s'éteignent, si elles ne sont pas expressément réservées par le créancier (art. 1278 du Code civil). Or, le concordat fait novation ; les titres primitifs des créances n'existent plus. L'hypothèque créée par l'article 490 se réduit aux dividendes promis par le failli ; il est libéré du surplus. Comment donc les tiers auraient-ils à souffrir de cette hypothèque au-delà de ce qu'elle garantit réellement ? Si, par l'événement, la remise stipulée reste sans effets, si les créanciers rentrent dans tous leurs droits, c'est par rapport au failli , et sans préjudice des droits acquis aux tiers pendant la durée du concordat.

Nous pensons donc que, si l'hypothèse prévue se réalisait, l'hypothèque des créanciers de la faillite s'exercerait sur le prix des immeubles existant au moment du concordat, jusqu'à concurrence seulement de ce qui resterait dû sur les dividendes et leurs accessoires ; mais que les sommes perçues tourneraient au profit de la nouvelle masse, et non pas seulement au profit particulier des créanciers concordataires.

216. Néanmoins, si les créanciers prenaient la précaution de se réserver, dans le concordat, l'effet de leur hypothèque pour le montant intégral de leur créance, en cas de nullité ou de résolution du traité ; les tiers seraient avertis, et ils ne pourraient plus exiger la préférence de leur hypothèque sur les sommes remises au failli.

§ 4.

Des effets particuliers de la nullité du concordat.

217. La nullité du concordat, soit qu'elle résulte de la condamnation du failli en banqueroute frauduleuse, soit qu'elle soit prononcée pour cause de dol, produit deux effets particuliers relatifs, l'un aux cautions qui se sont engagées dans le concordat,

et l'autre, à la faculté de passer à un nouveau concordat.

218. Souvent, pour obtenir un concordat de ses
créanciers, le failli leur présente une ou plusieurs
personnes qui se rendent cautions de ses engagements. Ce cautionnement est consenti avec connaissance de cause. Ceux qui s'y soumettent n'ignorent
pas que la solvabilité du failli est douteuse; ils savent
que le concordat est un contrat purement condition-
nel, sujet à la résolution, soumis à toutes les suites
d'une action en nullité, frappé même d'une nullité
de plein droit dans un cas donné. On pourrait donc
ne pas trouver juste la disposition qui, en maintenant,
à leur égard, les règles du droit commun, les sous-
trairait à l'accomplissement de leurs engagements
par suite de la nullité ou de la résolution de l'acte
dans lequel ils se sont obligés. Aussi la chambre
des députés avait-elle rédigé un paragraphe ad-
ditionnel au projet de loi, pour maintenir les engagements de la caution, aussi bien en cas de nullité
qu'encas de résolution du concordat.

La commission de la chambre des pairs a constamment demandé le rejet de ce paragraphe. Tripier,
son rapporteur, motive ce rejet sur les principes du
droit commun qui ne veulent pas qu'un contrat, dont
les effets cessent entre les parties principales, conserve néanmoins toute sa puissance contre les personnes accessoirement obligées. On peut voir, dans

Renouard (1), les développements qu'il donne à sa proposition et les réponses qui y ont été faites. Après de longs débats, on statua définitivement que la nullité du concordat dégagerait de plein droit les cautions, mais qu'elles resteraient obligées dans le cas de résolution. Cette règle se trouve dans l'article 520.

219. Nous approuvons volontiers cette partie de la disposition qui affranchit les cautions, lorsque le concordat est annulé. Ce qui est nul dès le principe ne peut produire aucun effet : c'est un principe de tous les temps.

Mais c'est aussi un principe constamment admis et consacré, qu'après la résolution d'un contrat, toutes les parties sont remises en même et semblable état qu'avant sa formation. Pourquoi respecter le droit commun dans un cas et lui faire violence dans l'autre? Si l'état de faillite est un état exceptionnel qui exige des règles particulières contraires au droit général, cela se conçoit par rapport au failli et à ses créanciers ; mais il n'y a pas de motifs sérieux pour rejeter les cautions du failli hors du droit commun, afin de maintenir, en ce qui les concerne, un contrat qui n'est plus obligatoire ni pour le débiteur principal ni pour les créanciers.

Pour justifier cette exception on a dit: les créanciers ont un gage et ils vont l'abandonner à un hom-

(1) Tome 2, p. 73.

me à peine sorti de l'état de déconfiture. En quoi
cela touche-t-il au principe ? Est-ce que toutes les
fois qu'il exige un cautionnement , le créancier ne
doute pas de la solvabilité de son débiteur? Les craintes qu'il éprouve n'empêchent pas la nullité du concordat au profit des cautions, pourquoi sont-elles
une raison de les tenir engagées malgré la résolution de ce contrat ? Dès que l'engagement principal cesse, l'obligation accessoire doit s'éteindre.

On a dit encore : Quoique la caution connaisse
bien l'état d'impuissance du débiteur , elle sait aussi
qu'elle a contracté une obligation aussi directe que
possible. Elle n'a pas dû croire qu'elle en serait affranchie , s'il plaisait au débiteur de ne pas payer.

Non, elle n'a pas dû le croire, puisqu'elle s'est
engagée précisément pour remplir l'engagement que
le débiteur ne remplirait pas lui-même. Mais elle a
dû croire aussi que le titre serait respecté par les
créanciers, et que les créanciers ne la mettraient pas
dans le cas d'être remboursée en monnaie de faillite.
Ils ont une hypothèque dans laquelle elle a le droit
d'être subrogée, et la subrogation n'est plus possible
après la résolution du contrat , après la reconstitution de la faillite.

Et puis d'ailleurs, est-ce que la connaissance qu'a
la caution de la position du failli et de l'étendue de
son propre engagement empêche la nullité du concordat d'anéantir cet engagement? Il n'y a donc rien

de concluant dans ce second argument.

Enfin on a dit : La résolution sera peut-être une connivence du failli ou de la caution avec l'un des créanciers qui , sans qu'aucun des autres en puisse rien savoir , aura rompu le contrat pour tous.

Il y faut prendre garde ; une simple supposition ne doit pas servir de fondement à une exception à une règle commune à tous les contrats. Si on admet , comme motif de la loi , la connivence possible entre le failli, ou la caution, et un créancier ; on doit supposer aussi celle d'un créancier avec la caution qui , connaissant les faits de dol reprochables au failli , saura intéresser ce créancier à poursuivre la nullité du concordat.

Il n'y avait donc pas de motifs réels pour admettre la distinction établie dans l'article 520. La raison demandait qu'on s'en tint aux principes développés par Tripier , et aux craintes qu'il manifestait que, loin de favoriser les concordats, la loi y mit des entraves par cela même qu'elle devenait un obstacle aux cautionnements.

Quoi qu'il en soit , la loi existe ; elle est telle : il s'agit, non de la corriger, mais d'en faire l'application.

220. La nullité du concordat dégage de plein droit les cautions. La règle est absolue ; elle ne reçoit pas d'exception.

Cependant il peut arriver que la caution eût connaissance , au moment de son engagement, des faits de fraude ou de dol qui ont servi de fondement à la nullité de la convention ; que peut-être même , elle soit le complice du failli. Cette complicité, cette connaissance des faits ne modifient-elles point la règle ? Est-il juste d'affranchir de son engagement une caution qui n'a pas dévoilé des faits qui eussent empêché la conclusion du concordat , ou qui a aidé le failli dans leur accomplissement ?

221. Il est peut-être à regretter que la loi n'ait point prévu le cas de complicité de la caution aux actes qui motivent la condamnation du prévenu ou la nullité du concordat. Il y avait , dans ce fait, une cause suffisante de maintenir l'engagement de la caution. Mais , nous le répétons, la loi n'admet aucune exception. Les créanciers , du reste, ne souffrent pas du silence de la loi. La complicité de la caution la soumet à la restitution des objets du failli qui seraient en sa possession, et à des dommages-intérêts que le tribunal, qui a la faculté de les arbitrer, peut élever jusqu'à la somme garantie par le cautionnement. Seulement, si elle avait donné une hypothèque , les créanciers n'auraient point à s'en prévaloir ; ils n'auraient que celle résultant pour eux du jugement qui leur allouerait des dommages-intérêts.

222. Le simple silence de la caution sur les faits de dol qui sont à sa connaissance au jour du concor-

dat, ne nous paraît point devoir exercer d'influence sur son engagement. Il constitue une sorte de dol négatif dont les créanciers n'éprouvent aucun préjudice, et qui, par cette raison, n'autorise point une action contre elle. Toutefois, s'il était prouvé qu'elle est de connivence avec le créancier qui poursuit la nullité du concordat, elle pourrait être considérée comme étant de mauvaise foi, et le tribunal serait autorisé à l'en punir par des dommages-intérêts qui indemniseraient les créanciers du préjudice qu'ils éprouveraient. Ce préjudice consiste principalement dans la différence qui existe entre les valeurs actives de la faillite au jour du concordat et les mêmes valeurs après le jugement sur la nullité. La caution serait censée avoir favorisé les actes qui constitueraient cette différence.

223. La résolution du concordat laisse subsister les engagements de la caution. Cette règle aussi est absolue.

Ainsi, quoique la faillite soit reconstituée, les créanciers conservent leur action contre la caution. La loi le veut ; mais la loi n'a pas prévu la difficulté que, dans la pratique, sa disposition peut soulever.

224. L'état de faillite ouverte enlève à chaque créancier toute action individuelle contre les débiteurs et pour l'exécution des actes de la faillite. Cela est vrai après la nullité du concordat comme avant l'homologation.

Partant de là, les syndics pourraient dire : Le concordat, qui contient l'engagement de la caution, est un acte de la faillite qui l'oblige envers tous les créanciers stipulant dans un intérêt commun et non dans l'intérêt individuel de tels ou de tels créanciers. C'est le jugement d'homologation qui seul efface l'être collectif et substitue à l'action commune, non pas le droit, mais l'action individuelle de chacun. Or la nullité du concordat ne laissant subsister que l'obligation de la caution, il est évident que l'action individuelle se perd et que l'action commune ou collective revit avec la faillite.

Qu'importe du reste à la caution de payer à la masse plutôt qu'aux anciens créanciers concordataires ? Elle n'en sera pas moins libérée, elle n'en deviendra pas moins créancière de la faillite. Si elle a des exceptions à faire valoir, elle sera admise à les présenter, parce la nullité du concordat ne restreint pas plus ses droits qu'elle ne modifie son engagement.

Quant aux créanciers, ils ne sont pas reçus à se prévaloir des dispositions de l'article 544 qui a été fait pour conserver les droits de chaque créancier contre la caution qu'il avait obtenue individuellement, avant la déclaration de faillite, et pour régler les droits de cette caution elle-même sur la masse relativement aux sommes qu'elle aurait payées, en tout ou en partie, avant la faillite. On conçoit très-bien que cette faillite n'atteigne pas les conventions que chaque créancier a pu faire *avec des tiers* pour assurer sa créance ; mais l'on ne comprendrait pas qu'elle fut sans influence sur les actes passés par ceux qu'elle gouverne, pendant qu'elle les gouverne, d'après les règles et selon les formalités qui lui sont propres et particulières.

Donc, sous tous les rapports, l'action contre les cautions appartient aux syndics.

225. Certes, ces raisons ne sont pas sans force ; elles paraissent même fondées en droit, et il ne serait pas impossible qu'elle fussent accueillies et sanctionnées par les tribunaux.

Cependant une objection sérieuse peut y être faite. Si la caution verse à la masse ce qu'elle reste devoir sur les dividendes qu'elle garantit, cette masse s'augmentera de valeurs qui n'appartiennent point au failli. Cela n'aurait point d'inconvénient, s'il n'y avait pas de créanciers nouveaux, parce que les anciens prélèveraient la somme versée, et entreraient en concours avec la caution, pour le surplus de leur créance, sur les valeurs actives du failli. Mais la présence de créanciers nouveaux modifierait le droit des anciens, puisque toutes les dispositions de la loi tendent à établir l'égalité entre les uns et les autres. Il semble donc que c'est aux créanciers qu'elle a garanti que la caution doit payer les portions de dividendes non encore acquittées.

C'est ainsi que Bédarride (1) paraît l'entendre. Cet auteur, après avoir posé en principe que les nouveaux créanciers ne peuvent pas forcer les anciens à se faire payer par les cautions pour les exclure de toute participation dans la répartition de l'actif, sous prétexte que, pouvant retirer la totalité de leurs dividendes, ils sont en réalité désintéressés ; cet auteur, disons-nous, s'exprime ainsi :

« Les cautions ne sont obligées que si les créan-
» ciers ne reçoivent pas du failli le montant de ce
» que celui-ci s'est engagé à leur payer. Le réta-
» blissement de la faillite substitue l'actif au failli ;
» c'est donc cet actif qui devient le principal obligé.
» En conséquence, s'il est suffisant pour solder les
» dividendes promis, les cautions sont libérées. Il
» résulte de ces considérations que non-seulement
» les créanciers nouveaux ne peuvent pas se faire
» subroger contre les cautions ; mais encore que
» celles-ci ont le droit incontestable d'obtenir des
» créanciers qu'elles désintéresseraient la subroga-
» tion à leurs droits pour venir en leur lieu et place
» prendre part à la répartition de l'actif jusqu'à
» *concurrence de ce qu'elles auraient payé, si le divi-*
» *dende excédait la somme cautionnée.* »

Il y a dans ce passage deux propositions principales dont l'une est une erreur, et l'autre est

(1) Tome 2, n° 689.

exprimée en termes assez obscurs pour qu'il soit possible de bien saisir la pensée de l'auteur.

Non, il n'est pas vrai, il ne peut pas être vrai qu'après la résolution du concordat, l'actif du failli soit substitué à l'obligation du failli envers les concordataires, en ce sens, que ceux-ci aient sur cet actif un droit de préférence pour le paiement des dividendes encore dûs. Nulle part la loi ne leur a accordé un semblable privilége. Toutes ces dispositions au contraire tendent à maintenir, autant que possible, l'égalité entre les créanciers nouveaux et les anciens.

Que si l'auteur a voulu dire que les sommes revenant aux concordataires dans la répartition de l'actif du failli déchargent d'autant les cautions, sa proposition n'est plus contestable ; mais il ne fallait pas l'exprimer en termes qui emportent l'idée d'une action directe sur l'actif pour le paiement des dividendes, avant que les créanciers nouveaux soient admis à la répartition ; idée qui paraît bien être dans l'esprit de l'auteur, puisqu'il ajoute que les créanciers nouveaux ne peuvent pas obtenir la subrogation contre la caution. Pour supposer que ces créanciers demandent la subrogation, il faut admettre une sorte de prélèvement, sur l'actif, des dividendes restant dûs aux concordataires ; car évidemment si la répartition se fait entre les uns et les autres, sur la même base, les nouveaux n'ont aucun intérêt, aucun droit à demander la subrogation contre les cautions.

Sans doute les cautions qui ont acquitté tout ou partie des dividendes dûs aux premiers créanciers ont le droit de figurer à la faillite pour un capital égal aux sommes qu'elles ont payées, et de prendre une part proportionnelle dans la répartition ; mais nous ne comprenons pas ce que signifient ces paroles de Bédarride : *la caution prend part à la répartition de l'actif, jusqu'à concurrence de ce qu'elle a payé, si le dividende excède les sommes cautionnées.* Probablement elles sont corrélatives à la première proposition, si *l'actif est suffisant* etc., et doivent avoir la même portée, c'est-à-dire, qu'elles emportent aussi l'idée d'un droit de préférence. Prises dans leur sens naturel, elles s'entendent du droit qu'a la caution d'être remboursée de tout ce qu'elle a payé. Peut-être signifient-elles seulement que la caution a le droit de prendre part à la répartition en proportion de ce qu'elle a payé ; mais telle ne paraît pas être la pensée de l'auteur. Ces expressions, *si le dividende excède la somme cautionnée* (et non la somme payée), sont, dans son opinion, une modification du droit de la caution. De telle sorte que si, dans la répartition, les dividendes lui revenant excèdent la somme cautionnée, la caution aura droit à tout ce qui lui est dû. Dans le cas contraire son droit se réduira sans doute ; mais dans qu'elle proportion ? l'auteur ne l'indique point.

226. Quel que soit le sentiment de Bédarride, la question que nous avons soulevée demeure entière, et elle n'est pas sans difficulté. Nous pensons que la caution peut payer entre les mains des créanciers envers lesquels elle s'est engagée, et que chaque créancier a le droit d'agir individuellement contre elle. Que l'on accorde aux syndics seuls le droit de la poursuivre, du moins les sommes payées doivent tourner exclusivement au profit des créanciers qu'elle a garantis. Les créanciers nouveaux n'en éprouvent aucun préjudice puisque les anciens ne participent à la répartition que pour un capital réduit proportionnellement aux dividendes qu'ils auront reçus.

Quant à la caution qui a payé les dividendes, elle a le droit de se présenter à la faillite et de prendre part à la répartition en proportion de ce qu'elle a payé. Nous verrons cependant, ci-après, que sa présence dans la répartition y cause quelque embarras.

227. En adoptant ce sentiment, nous ne nous dissimulons pas que lorsque la caution est solvable, la résolution du concordat prononcée avant qu'elle ait payé, devient un avantage pour les concordataires. Ils sont assurés de leurs dividendes, et, en outre, ils participent à la répartition de l'actif dans une proportion que nous indiquerons plus bas.

228. Cela nous conduit à demander si le créancier

ne doit pas mettre la caution en demeure avant de former l'action en résolution. Quoique la loi ouvre cette action par le seul fait de l'inexécution du con-concordat par le failli ; nous pensons néanmoins que , lorsque le failli a fourni une caution , cette caution doit être interpellée, par le créancier, préala-blement à la demande en résolution. Tant qu'il n'est pas assuré qu'elle ne payera pas, il ne peut pas pré-tendre que le concordat est inexécuté. Il ne faut pas lui laisser la faculté d'agir à son insu. Il se hâterait, parce que l'état de faillite ouverte peut lui être fa-vorable , tandis que cet état est toujours préjudicia-ble à la caution. En exigeant qu'elle soit appelée dans l'instance en résolution , la loi fait assez entendre qu'elle doit être avertie de la négligence ou de l'im-puissance du failli à remplir ses engagements.

229. La caution du failli est tenue de payer les dividendes revenant à un créancier non vérifié, lorsque le failli y est condamné (1). Cela est fondé sur ce qu'elle ne peut pas ignorer que le concordat est obligatoire pour les créanciers omis ou inconnus qui ont toujours le droit d'agir contre le failli, et qui conséquemment doivent avoir les garanties sti-

(1) Ainsi jugé par la Cour de Bordeaux du 6 septembre 1837. — De Paris, du 9 juillet 1828. Dalloz, 39-2. — En sens contraire , par-dessus, tome 4, n. 1254. — Rouen, arrêt du 2 juin 1845.—(V. A. Dalloz, dict. gén., v. faillite).

pulées dans le contrat , puisque la masse a stipulé pour eux comme pour les créanciers vérifiés et affirmés qui n'ont pas concouru au traité.

230. La nullité du concordat empêche d'une manière absolue qu'il en soit consenti un second. On convient généralement que cela ne fait pas de doute lorsque la nullité résulte de la condamnation du failli pour banqueroute frauduleuse ; mais on prétend (1) que cela fait difficulté, lorsque la nullité est prononcée pour cause de dol. Cette difficulté tient à ce que l'article 524 admet la possibilité d'un nouveau concordat dans tous les cas où la faillite se reconstitue.

Il est dit dans cet article : *s'il n'intervient pas de concordat, les créanciers*, etc. Cette manière de s'exprimer n'autorise point les créanciers à délibérer un nouveau concordat, quelle que soit la cause de la réouverture de la faillite. Un concordat peut ne pas intervenir , soit parce que la loi s'y oppose , soit parce que les créanciers s'y refusent. Or, d'une part, l'article 510 ne permet aucun traité lorsqu'il y a banqueroute frauduleuse , et , d'autre part , les seuls faits de dol qui autorisent les tribunaux à prononcer la nullité du concordat sont constitutifs de la banqueroute frauduleuse. Il importe peu que le failli ne soit pas poursuivi criminellement ; dès qu'un juge-

(1) V. Renouard , r., p. 209. — Bédarride , tome 2 , n. 675. — Lainné , p. 278.

ment constate le dol , il est certain que le failli s'est
mis en un cas de banqueroute frauduleuse ; il a
trompé ses créanciers , il s'est rendu indigne de
toute confiance , et , par conséquent , de la faveur
d'un concordat. Les créanciers ne doivent donc pas
en délibérer; et si néanmoins ils passent outre, il est
du devoir du tribunal de refuser l'homologation.

Ce n'est donc qu'après la résolution du concordat
qu'un second concordat est possible. Les créanciers
ont intérêt , avant d'y admettre le failli , à étudier
les causes qui l'ont empêché de tenir ses engagements
et de peser le degré de confiance que méritent ses
propositions et les garanties qu'il présente.

SECTION 5ᵐᵉ.

*De la convocation des créanciers et de leurs droits
sur la masse.*

231. Lorsque les créances sont vérifiées, que les
vingt jours accordés aux créanciers nouveaux pour
produire leurs titres sont expirés et que leurs créances sont vérifiées et affirmées, le juge-commissaire
les convoque , ainsi que les anciens , de la manière
que nous l'avons ci-dessus indiqué.

L'article 524 qui prescrit cette convocation, contient un vice de rédaction. Il est ainsi conçu : « Les
» opérations mises à fin , s'il n'intervient pas un

» concordat, les créanciers seront convoqués à l'ef-
» fet de donner leur avis sur le maintien ou le rem-
» placement des syndics... » On pourrait croire que
la convocation ne doit avoir lieu qu'après la délibération sur le concordat, ou plutôt et nécessairement,
qu'il doit y avoir deux convocations, l'une pour délibérer sur le concordat , et l'autre pour l'avis sur le
maintien ou le remplacement des syndics , lorsque le
concordat n'aura pas été formé. Evidemment, il n'en
est pas ainsi. Une seule convocation est nécessaire.
Si le traité n'est pas conclu , les créanciers s'occu-
pent immédiatement du maintien ou du remplacement des syndics , puisqu'ils sont de plein droit en
état d'union. Les mots : *S'il n'intervient pas de concordat*, ont été ajoutés après coup, et l'on ne s'est pas
aperçu ou qu'ils ne sont pas en leur lieu , ou qu'ils
exigent un changement de rédaction. Il faut donc entendre l'article 524 comme s'il y était dit: *Les créanciers seront convoqués, et, s'il n'intervient pas de concordat , ils donneront leur avis , etc.*

232. La réunion des créanciers a aussi pour objet
de reconnaître d'abord ceux des créanciers anciens
qni ont reçu tout leur dividende , pour les rejeter ,
et ceux qui en ont reçu une partie seulement, pour
les réduire et les admettre à l'assemblée et aux délibérations qui suivront.

233. Les anciennes créances ne sont point soumises à la vérification. Antérieurement admises et

affirmées, il ne s'agit plus que de s'assurer si elles sont encore dues pour une partie ou pour la totalité des dividendes promis par le failli. Nous pensons que cet examen doit se faire dans la réunion des créanciers, parce qu'il doit être contradictoire avec les créanciers nouveaux qui ont le droit d'observation et de critique.

Nous ne voulons pas dire par là que les nouveaux créanciers ont le droit d'attaquer les anciennes créances ; notre pensée ne va pas jusque-là. Nous ne leur reconnaissons que le droit de prétendre et de prouver que tel créancier qui se présente aux opérations de la faillite, a reçu ses dividendes en totalité ou pour une portion plus forte que celle qu'il accuse.'

Nous ne prétendons pas non plus que la vérification de ce qui peut être dû aux créanciers concordataires ne puisse pas se faire avant la convocation. Le silence de la loi et les termes de l'article 524 semblent laisser au juge-commissaire le choix du moment le plus opportun pour cette recherche. Mais, comme en cette matière, la loi impose une grande célérité, nous trouvons plus rationnel de s'y livrer au moment de la réunion de tous les créanciers, parce que cela permet de rapprocher le jour de la convocation et d'éviter des réclamations ultérieures qui retarderaient les opérations de la faillite.

234. Quoiqu'il en soit, dès que l'on est fixé sur le chiffre des créances qui seront comptées pour cal-

culer la majorité en sommes , les créanciers délibèrent sur le concordat.

La fixation du chiffre des créances présente quelques difficultés lorsque le créancier a reçu une partie de son dividende des deniers même de la caution.
Nous verrons en effet tout à l'heure que l'article 526
qui règle le droit des concordataires dans la répartition ne prévoit pas la présence de la caution.

Il n'est pas besoin de remarquer que, pour la validité du nouveau concordat, il faut aussi la majorité
en nombre, et que les oppositions doivent se faire
dans les délais et dans la même forme que les oppositions au premier traité.

235. Nous avons vu sous le n° 23 que la caution
qui ne paie le créancier qu'après le concordat , est
obligée de suivre le concordat et de se contenter du
dividende stipulé par le créancier. Il n'y a point de
motifs pour qu'il en soit autrement de la caution qui
s'est obligée dans le concordat. Le second traité l'o-
blige comme si elle y eût figuré personnellement ,
sans que son engagement envers les créanciers en
soit modifié.

236. La résolution ou la nullité du concordat fait
rentrer les créanciers dans la plénitude de leurs droits,
à l'égard du failli seulement. (Art. 526.)

Deux conséquences résultent de cette règle. La
première, que les créanciers ne sont plus liés par le
concordat et que la remise qu'ils ont faite au failli ,

les délais qu'ils lui ont accordés, les autres avantages qu'ils lui ont consentis sont considérés comme non avenus. Le failli redevient leur débiteur du montant intégral de leurs créances en capitaux , intérêts et frais ; sauf le retranchement de la portion du dividende qu'il aurait payée. Seulement ils ne reprennent pas l'exercice des actions individuelles qui résultent de leurs titres, l'état de faillite s'y oppose.

237. On demande si le créancier hypothécaire qui avait voté le conconcordat, rentre, après le jugement qui l'annule ou le résout, dans l'exercice de son hypothèque, ou s'il doit demeurer simple créancier chyrographaire.

Il doit rester créancier chyrographaire. Son vote au concordat a emporté sa renonciation à son hypothèque, et cette renonciation ne profite pas au débiteur, mais aux autres créanciers ; du moins c'est dans leur intérêt seul que la loi la fait résulter de son vote. Or, la nullité ou la résolution du contrat ne rend à chaque créancier l'intégralité de ses droits que contre le débiteur seulement. Cette expression *seulement*, qui se trouve dans la loi, indique, et c'est la seconde conséquence à tirer de l'article 526, que quant aux créanciers entre eux , le nouvel état de choses ne touche point aux droits acquis.

238. Cette considération nous fait penser aussi que la renonciation d'un créancier à ses droits contre la caution ou le co-obligé du failli , ne cesse pas

de produire ses effets après la résolution ou la nullité du concordat ; à moins que cette renonciation n'eût été consentie que sous la condition expresse de l'accomplissement des engagements du failli, ou, ce qui serait plus explicite, de l'exécution complète du concordat.

239. Les créanciers rétablis en état d'union donnent leur avis sur le maintien ou le remplacement des syndics.

Les syndics définitifs procèdent à la liquidation de la faillite, comme il est dit dans les articles 532 et suivants. Puis on fait la répartition des deniers mobiliers en se conformant aux dispositions des articles 552 et suivants.

Toutefois, la répartition ne peut se faire qu'après l'expiration, à l'égard des créanciers nouveaux, des délais accordés aux personnes domiciliées en France par les articles 492 et 497, c'est-à-dire, après le délai de vingt jours augmenté d'un jour par cinq myriamètres de distance entre le lieu où siége le tribunal de la faillite et le domicile du créancier. (Article 524). Les vingt jours comptent à partir de l'insertion dans les journaux de l'invitation qui leur est faite de produire leurs titres. Cette augmentation de délai était nécessaire pour sauvegarder les droits de ceux des nouveaux créanciers qui, à raison de l'éloignement de leur domicile, n'auraient pas pu se présenter dans les vingt jours.

240. La répartition se fait sur les bases tracées par l'article 526. Les créanciers anciens, qui n'ont rien reçu de leur dividende, y seront admis pour la totalité de leur créance primitive. Ceux qui ne l'ont reçu qu'en partie, prennent une part proportionnelle à la portion de leur créance correspondant à la portion du dividende qu'ils n'ont pas touchée.

241. Cette disposition modifie ce qui se pratiquait sous l'ancien code de commerce. Le créancier ancien n'était admis à la répartition que pour un capital correspondant au dividende qu'il avait accepté. En d'autres termes , il n'était réputé créancier que de ce dont il n'avait pas fait la remise. C'était conserver au concordat son principal effet , quoiqu'il n'eut pas été exécuté par le failli. Il y avait là une injustice qu'il était bien de ne plus tolérer. Si le concordat accorde une remise au débiteur, celui-ci ou ses créanciers doivent en profiter pour le tout ou pour partie , selon que le dividende promis aura été acquitté en tout ou en partie. Telle est la pensée qui a dicté l'article 526. Il en résulte que le créancier à qui l'on a promis un dividende de quarante pour cent, et qui n'en a reçu que la moitié, ou vingt pour cent , doit être admis à la répartition pour un capital correspondant à cinquante pour cent de sa créance primitive. Il a reçu la moitié de son dividende, la masse profite de la moitié de la remise ou de trente pour cent (1).

(1) V. Bédarride, tom. 2, n°ˢ 6 et 5. — Lainné, p. 284.

242. Ainsi, il est bien dans la pensée de la loi que la part de remise correspondant à la portion de dividende acquittée par le failli profite à la masse. Elle l'a voulu ainsi en faveur des nouveaux créanciers ; car, s'il n'y avait que des créanciers anciens, ils se répartiraient l'actif du failli en proportion de de ce qui leur resterait dû sur leur créance primitive.

243. Mais la loi ne prévoit pas la présence, à la répartition, de la caution qui aurait personnellement acquitté tout ou partie du dividende de quelques-uns des créanciers. Cette caution est-elle un créancier nouveau qui puisse invoquer contre les anciens, le bénéfice de l'article 526 ?

La caution qui a payé est assurément créancière du failli de tout ce qu'elle a payé pour lui, et, comme elle a payé depuis l'homologation du concordat, elle peut se considérer comme un créancier nouveau et avoir la prétention d'exercer les mêmes droits.

Elle n'y sera pas reçue, dira-t-on, dans l'intérêt des mêmes créanciers. Par créanciers nouveaux, il faut entendre ceux qui le sont devenus par suite de conventions passées avec le failli depuis l'homologation. Or, la caution qui a payé l'un des concordataires, a payé, non en vertu d'une convention postérieure au concordat, mais en vertu de l'engagement qu'elle a contracté envers tous dans ce contrat même. Par rapport à tous les concordataires, elle est moins un créancier du failli que son co-obligé.

Si donc elle était admise à restreindre leur créance suivant les termes de l'article 526 , son recours contre la masse leur serait vraiment préjudiciable.

244. Il y a donc là une difficulté : pour la résoudre , des dictinctinctions nous paraissent indispensables.

Ou le concordat a été annulé , ou il a été résolu : ou la caution se trouve en présence des seuls créanciers concordataires , ou elle concourt, tout à la fois, avec des créanciers anciens et des nouveaux.

Si le concordat est annulé et que la caution soit seule avec les créanciers concordataires , elle est , par rapport à eux , un créancier nouveau. Le concordat ne produisant plus aucun effet, étant considéré comme n'ayant jamais existé, les créanciers ne peuvent pas dire que la caution ne tient son droit que du concordat, qu'elle est, à leur égard, un co-obligé dont le recours contre le débiteur ne doit point leur nuire. Il faut la considérer comme un prêteur de fonds dont le titre est postérieur à l'homologation du concordat. Dès lors la répartition entre elle et les créanciers doit se faire sur les bases indiquées par l'article 526. Elle y participe dans la proportion de ce qu'elle a payé , et les créanciers pour une part correspondante à la portion de dividende qu'ils n'ont pas reçue.

Toutefois , si la caution se présentait comme subrogée aux droits du créancier qu'elle aurait payé , la solution ne serait pas la même. Dans ce cas, l'article 526 cesserait d'être applicable. La caution, prenant la place d'un créancier, aurait les mêmes droits que lui, et, comme lui, comme les autres créanciers, elle les exercerait pour tout ce qui resterait dû de la créance primitive.

245. Si, au lieu d'être annulé, le concordat est simplement résolu, la caution reste obligée envers les créanciers. Lors donc qu'elle est seule avec eux, elle ne peut pas s'opposer à ce qu'ils se répartissent l'actif mobilier dans la proportion de ce qui leur reste dû de leur créance primitive. Seulement, et s'il arrive, ce qui doit être fort rare, que le dividende de répartition excède les portions de dividende non payées, elle a le droit de concourir avec eux sur cet excédent. La caution n'a pas intérêt à ce que l'on procède autrement, puisqu'elle est libérée de tout ce que les créanciers reçoivent, et que ceux-ci ne peuvent plus prétendre qu'elle soit encore leur obligée. Elle est donc créancière, comme eux, sur les sommes qui excèdent les dividendes qu'elle a garantis.

246. Nous trouvons donc que la question ne présente une difficulté sérieuse que lorsque la caution est en présence et de créanciers anciens et de créanciers nouveaux, et pour le cas seulement où le concordat est résolu.

Si, par rapport à la caution, les anciens créanciers ont le droit de se présenter à la répartition pour tout ce qui reste dû de leur créance primitive , ils ne peuvent réclamer, en ce qui concerne les créanciers nouveaux , qu'une part correspondante à la portion de dividende qu'il n'ont pas touchée. De là cette conséquence, que si l'on admet la caution à la répartition , on diminuera de tout ce qui lui sera alloué, le dividende revenant aux anciens créanciers, et que, si on la rejette, la part des créanciers nouveaux s'augmentera d'autant. Mais, comme elle n'a rien promis aux créanciers nouveaux ; comme elle est créancière du falli, il serait injuste de lui refuser toute participation à la répartition. Elle doit donc y être admise, et, pour que les anciens créanciers n'en souffrent pas , on leur allouera les sommes attribuées à la caution , jusqu'à concurrence de ce qui leur manque pour compléter le dividende qu'elle leur a garanti.

247. On peut supposer aussi le cas où la caution. se trouvant seule en présence des nouveaux créanciers , prétend que, comme subrogée aux droits des anciens dont elle a payé les dividendes , elle a droit à la répartition en proportion, non de ce qu'elle a payé , mais de ce qui reste dû de la créance primitive, en se conformant d'ailleurs à ce qui est prescrit par l'article 526.

La règle générale est que la caution ne peut valablement exiger que ce qu'elle a payé et les accessoires légitimes. Elle n'est pas , elle ne peut pas être créancière du surplus de la dette, soit que le débiteur l'ait payé , soit que le créancier principal en ait fait la remise. La subrogation que lui accorde la loi ou le créancier s'applique uniquement aux garanties et à certains droits que le créancier peut avoir contre le débiteur ou des tiers , comme une hypothèque , un privilège , la solidarité d'un co-débiteur , une action en garantie , etc. ; et non à la portion de la dette qui se trouve éteinte par le fait du débiteur ou du créancier.

Or , par le concordat, le créancier a fait remise d'une portion de sa créance, et la caution n'a garanti que la portion réservée ou le dividende promis par le failli. Le paiement de ce dividende par la caution ne la rend créancière que de ce qu'elle a payé. Elle n'a aucun droit au surplus de la dette qui demeure définitivement éteinte par cela seul que le dividende a été payé. La subrogation qu'elle obtient du créancier n'a pas la puissance de faire revivre à son profit une portion de créance que le créancier lui-même n'a pas le droit de répéter. Donc elle ne peut prétendre à la répartition qu'en proportion de la somme qu'elle a payée et de ses accessoires.

Sans doute , la caution n'est pas créancière de sommes plus fortes que celles payées. Aussi, sa prétention n'est pas de réclamer plus qu'il ne lui est dû, mais de perdre le moins possible. Si le créancier n'avait pas reçu son dividende, il exercerait son droit conformément à l'article 526. Subrogée à ses droits, la caution prend sa place. Elle demande ce qu'il eût demandé : elle doit obtenir ce qu'il eût obtenu. Le paiement fait par le failli lui-même éteint seul complétement la dette ; seul il fait profiter les autres créanciers de la remise accordée par le concordat. Il importe donc peu que le créancier se présente en personne ou qu'il soit représenté par la caution ou par un cessionnaire. Dès que le failli n'est pas libéré, la créance doit être comptée et admise dans la masse. Aucune disposition de loi n'empêche qu'il en soit ainsi.

Nous croyons du reste que, pour exercer son droit, la caution n'a pas besoin de la subrogation spéciale du créancier ; il lui suffit de la subrogation légale. (Art. 2029 du Code civil).

248. Ce que nous venons de dire de la subrogation de la caution aux droits du créanciér, nous conduit à rechercher à qui, du créancier ou de la caution, le failli doit payer la portion de sa dette dont le concordat lui a fait remise, lorsqu'il veut s'en acquitter.

Au créancier, sans aucun doute, toutes les fois que la caution n'a pour elle que la subrogatiou légale ou la subrogation écrite dans la quittance qu'elle a reçue du créancier. L'une ou l'autre subrogation ne confère au subrogé que les droits résultant, pour le créancier, des termes mêmes du concordat. La dette est éteinte de toute la remise qu'il a consentie, et cette remise est une perte pour lui seul ; seul conséquemment il a le droit de la recevoir lorsque le failli veut s'en libérer.

Mais si la subrogation dans tous les droits du créancier se trouvait écrite dans le concordat comme condition de l'engagement de la caution , et pour le cas où elle paierait tout le dividende , nous regarderions comme fort douteux le droit des créanciers à recevoir les sommes par eux remises , lorsque la caution les a désintéressés. Il nous paraît que la subrogation , exigée et consentie au moment même de l'engagement de la caution , n'a pas seulement pour objet la substitution de la caution dans les seuls droits qui résultent pour les créanciers des stipulalations du concordat. Les parties ont dû vouloir aller au-delà. La caution est réputée n'avoir consenti à courir des chances de pertes qu'en se ménageant la chance de gain qui repose sur la probité du failli et sur l'espérance que l'avenir lui apportera des ressources suffisantes pour conquérir sa réhabilitation. On ne concevrait pas une clause subrogatrice aussi expresse si , dans l'intention des parties , elle ne devait pas produire d'autres effets que la subrogation légale, ou la subrogation opérée, par le créancier, dans la quittance qu'il donne à la caution.

249. On comprendra que la difficulté ne peut pas

exister relativement à la caution et au co-obligé du
failli qui , restés étrangers au concordat, ont rempli
en tout ou en partie le créancier de la remise qu'il
avait consentie. L'un ou l'autre prend incontestablement la place du créancier , et a seul droit au remboursement de cette remise par le failli ou pour le
tout ou proportionnellement.

CHAPITRE VI.

DE LA SECONDE FAILLITE APRÈS CONCORDAT, DE SES EFFETS.

250. Indépendamment de la nullité ou de la résolution du concordat , une seconde faillite peut venir modifier les droits des parties. La loi le prévoit ,
mais elle se contente d'établir que les dispositions de
l'article 526 sont applicables à ce cas.

Ce dernier paragraphe de l'article 526 a été adopté , sur la proposition de M. Gaillard de Kerbertin,
dans le but de protéger les anciens créanciers, comme
si le concordat avait été préalablement annulé ou résolu. Nous ne blâmons certes pas le motif qui a dicté
cette disposition ; mais nous trouvons qu'elle n'a
peut-être pas été assez réfléchie, et qu'il eût été préférable de statuer que le concordat serait résolu de
plein droit par la seconde faillite , et que l'on procé-
derait comme il est dit aux articles 522 et suivants.
Cela ne présentait aucun inconvénient sérieux et au-

rait eu l'avantage d'épargner aux créanciers anciens et nouveaux des longueurs toujours préjudicables, des frais qui absorbent une partie de l'actif.

251. Remarquons-le, en effet, l'article 526 est seul applicable en cas de seconde faillite. Donc, après la seconde faillite, il y a lieu d'apposer les scellés, de faire un nonvel inventaire, de vérifier toutes les créances sans distinction ; en un mot, de suivre toutes les formalités déjà remplies lors de la première faillite. Et pourquoi? Dans quel but? Quelle différence essentielle y a-t-il entre la résolution du concordat et la nouvelle déclaration du failli, provoquée peut-être par l'un des créanciers concordataires? Vraiment nous ne voyons pas quelle cause juste, puissante, fondée en raison, a pu déterminer le législateur à maintenir l'ancien état de choses en fait de seconde faillite, ou du moins à n'y appliquer que la seule modification de l'article 526.

Peut-être a-t-il voulu réserver aux créanciers concordataires les effets de l'hypothèque inscrite après l'homologation du concordat. C'est assurément le seul avantage qu'ils puissent retirer du maintien de ce traité. Mais alors il ne fallait pas leur donner, en même temps, le droit de participer à la répartition de l'actif mobilier de la seconde faillite en proportion de toute leur créance primitive ou d'une portion correspondante à la portion de dividende qu'ils n'ont pas reçue. S'il a été juste de les soustraire à la fâcheuse position que leur faisait l'ancienne loi ; il était juste aussi de ne par leur sacrifier les créanciers postérieurs au concordat.

252. Tel est en effet la conséquence de la disposition finale de l'article 526 que les créanciers anciens non payés de leur dividende, peuvent se présenter à la répartition de l'actif mobilier pour leur capital entier ou pour une portion correspondante à ce qui leur reste dû, et agir ensuite, nonobstant le dividende qu'ils reçoivent, sur les immeubles du failli pour le paiement du dividende stipulé dans le concordat. Les nouveaux créanciers verront ainsi tourner au profit des anciens et une grande partie des valeurs mobilières et peut-être la totalité du prix des immeubles. L'injustice d'un tel résultat n'a point échappé à Bédarride (1) qui décide que les anciens créanciers ne pourront pas cumuler le bénéfice de leur hypothèque avec l'avantage que leur fait l'article 526. Ils devront opter, dit cet auteur, ou renoncer à leur hypothèque pour se prévaloir des dispositions de cet article, ou, s'ils conservent leur hypothèque, ne se présenter à la répartition mobilière qu'autant que leur dividende ne se trouve pas rempli, et pour la portion correspondante à ce qui leur reste dû sur ce dividende.

253. Mais pour arriver à cette décision, Bédarride admet qu'il importe peu que le dividende ou

(1) Tome 2, n° 657.

portion de dividende soit payée avant ou depuis l'ouverture de la seconde faillite. Les créanciers nouveaux peuvent toujours opposer le paiement aux créanciers anciens. Selon nous , cela n'est vrai que lorsque le paiement postérieur est fait par la caution ; mais cela est au moins fort douteux lorsque le paiement a lieu avec des deniers de la faillite. Le concordataire n'est plus créancier d'un dividende ; il est créancier de tout ce qui lui reste dû sur sa créance primitive ou d'une portion correspondante à la portion de dividende restée impayée. La loi semble avoir voulu le mettre en position de perdre le moins possible , sans prévoir que les nouveaux créanciers auraient à souffrir de son hypothèque , si tant est , toutefois, qu'elle la lui conserve contre les nouveaux créanciers.

Nous pensons, en effet, que Bédarride interprète mal la loi.

L'hypothèque inscrite en vertu de l'article 517 , conserve , après la seconde faillite , ses effets à l'égard des hypothèques que le failli aurait consenties postérieurement au concordat ; mais lorsqu'elle se réalise , les fonds qui en proviennent profitent à la masse.

Cette proposition paraîtra hardie peut-être ; voici comment nous la justifions.

On ne disconviendra pas que l'hypothèque accordée aux créanciers de la faillite par les articles 470 et 517 a pour objet de les préserver contre l'effet des hypothèques qui pourraient atteindre postérieurement les immeubles présents du failli ; et non de créer des droits de préférence entre les créanciers eux-mêmes. Ce qui le prouve, c'est que si l'homologation cesse de produire ses effets par l'annulation ou la résolution du concordat, chaque créancier perd le droit individuel de faire valoir cette hypothèque à son profit. Ainsi, entre eux, les créanciers sont toujours créanciers chyrographaires. C'est donc avec cette qualité qu'ils figurent dans la seconde faillite. L'article 526 ne leur en accorde point d'autre, et même il les suppose tels, puisqu'il les met en présence des créanciers nouveaux pour concourir avec eux sur la masse, dans une proportion donnée: ce que certes cet article n'eût pas fait, s'il les eût considérés comme créanciers hypothécaires. Il faut être sobre de reproches envers le législateur. Ce serait lui en faire un bien grave que de l'accuser d'avoir fixé, dans l'article 516, les bases d'un réglement entre des intérêts anciens et des intérêts nouveaux, sans se rappeler que les uns ont un droit de préférence sur les autres. On l'accuserait aussi de n'avoir pas compris que, contrairement à sa volonté, il déplaçait, au lieu de faire cesser, l'inégalité relative que l'ancien droit avait consacrée entre ces mêmes intérêts.

Si nous ajoutons à cela qu'après l'ouverture de la

seconde faillite, les créanciers ne sont plus créanciers des dividendes qui leur avaient été promis, mais de tout ou de partie de leur créance primitive; que c'est à raison de cette créance qu'ils sont admis à la masse et participent aux répartitions, ou concourent à un nouveau traité ; la volonté de la loi paraîtra dans tout son jour ; il ne sera plus permis de croire qu'elle a conservé à ces créanciers leur hypothèque à l'encontre des créanciers nouveaux non hypothécaires. La novation que le concordat avait opéré, cesse de plein droit ; les concordataires reprennent leur ancien titre avec tous les droits qui en résultent, sous la seule modification que nécessite la présence de créanciers nouveaux.

254. En admettant notre opinion comme vraie, il en résulte que, dans l'intérêt des anciens créanciers, la loi n'aurait pas dû soumettre les secondes faillites à toutes les formalités de la première. Elle leur enlève, au moins en grande partie, les avantages qu'elle a voulu leur faire par la disposition de l'article 526 ; car les frais que ces formalités entraînent réduisent le dividende, dans la répartition, d'un chiffre égal et peut-être supérieur à l'augmentation qui résulte pour eux du nouveau mode que cet article introduit.

Cela eût été d'autant plus rationnel, qu'en réalité la seconde faillite annule le concordat dans ses effets. Cet acte n'a plus de valeur ; il ne peut être ramené à exécution ni par le failli ni par les créanciers. Désormais il est comme s'il n'eût jamais existé par rapport à tout ce qui n'a pas été fait avant la déclaration de faillite.

En paraissant laisser subsister le concordat, la loi a créé des difficultés sérieuses. Nous venons d'examiner celle relative à l'hypothèque des anciens créanciers. Il en est d'autres.

255. La déclaration de la seconde faillite entraîne hypothèque sur les immeubles du failli au profit de la nouvelle masse (art. 470). Dans cette nouvelle masse figurent les anciens créanciers. Si leur première hypothèque subsiste toujours, ils en auront deux sur les mêmes immeubles et pour les mêmes créances. A quoi bon? Quel avantage peuvent-ils en retirer? Aussi, pensons-nous que, quant à eux, c'est la première hypothèque qui continue au contraire et remonte à sa première date. La nouvelle inscription qui en est faite, avertit les tiers qu'ils n'ont pas été désintéressés par le failli. Cette inscription leur est utile encore sous un autre rapport; elle leur assure, ainsi qu'aux nouveaux, l'hypothèque sur les immeubles qui seraient advenus au failli depuis l'homologation du concordat; mais relativement aux nouveaux biens, elle ne prend date que du jour de la dernière inscription, ou, plutôt, du jour de la déclaration de faillite.

256. Les articles 446 et 447 sont-ils applicables

en cas de seconde faillite ? Bédarride (1) le pense. Conséquemment, tous les paiements faits par le failli dans les dix jours qui précèdent la cessation de ses paiements sont nuls de plein droit, ou annulables.

On se demande dès lors s'il n'y a pas exception à cette règle lorsque le paiement est fait au concordataire du dividende ou de portion du dividende qui lui a été promis.

Pour l'affirmative on peut dire : tout ce qui se fait en exécution du concordat est réputé fait de bonne foi, le créancier ne reçoit qu'une partie, souvent fort minime, de ce qui lui est dû. S'il a consenti un sacrifice du surplus, c'est avec l'espérance qu'il touchera ce que le failli s'est engagé à lui payer, sans être tenu à la restitution, en cas d'événement.

D'ailleurs, les créanciers postérieurs n'en souffrent pas, puisque leur droit dans la nouvelle masse ou s'efface complétement, ou se réduit dans une proportion notable. C'est par cette raison, qu'en cas de nullité ou de résolution du concordat, les paiements qu'ils ont reçus sont toujours maintenus, quelque voisins qu'ils soient du jugement. Et puisque la disposition finale de l'article 526 a pour objet de régler les droits des anciens créanciers dans la seconde faillite sur le même pied qu'ils le sont dans la faillite reconstituée, on doit présumer que la loi consacre les paiements faits dans les dix jours de la cessation des paiements,

(1) Tome 2, n° 692.

tout aussi bien que ceux faits dans les dix jours qui précèdent le jugement sur la nullité ou la résolution du concordat. Elle semble même s'en expliquer clairement quisqu'elle dit : *le créancier qui a reçu tout ou partie de son dividende...*, sans se préoccuper de l'époque du paiement.

257. Cependant la négative doit être admise de préférence.

La règle des articles 446 et 447 est absolue. Elle doit être appliquée aux anciens créanciers comme aux nouveaux. On ne peut pas présumer la bonne foi d'un créancier qui reçoit avant le terme, qui se paye avec des valeurs mobilières, qui connaît la cessation des paiements. Si la loi se montre moins sévère ou moins rigoureuse après la nullité ou la résolution du concordat ; si elle n'annulle pas de plein droit les paiements faits, en de pareilles conditions, à des créanciers nouveaux ; si elle les déclare seulement annulables, c'est qu'elle n'a pas voulu présumer la mauvaise foi chez un créancier qui a pu ignorer les poursuites en nullité ou en résolution, et qui a vu jusque là le failli remplir exactement ses engagements. Le non-paiement d'un dividende, alors surtout qu'il n'est pas suivi d'acte de contrainte, n'a, pour ainsi dire, aucun retentissement. Il n'en est pas de même du non-paiement d'un effet de commerce ; le public en est immédiatement averti.

On doit comprendre qu'il y a une différence

entre les paiements faits aux anciens créanciers pendant l'instance en nullité ou en résolution et ceux qu'ils reçoivent dans les dix jours de la faillite. Les premiers se font ou peuvent se faire dans l'intention d'arrêter les suites de l'action, tandis que les seconds ont lieu pour favoriser certains créanciers au préjudice des autres. Ils leur sont préjudiciables en effet, parce que, la somme payée est toujours plus élevée que ne le serait la part proportionnelle du créancier dans la répartition. Après la seconde faillite, les valeurs actives sont souvent moindres que dans la première, et presque toujours les dettes passives se sont augmentées. L'expérience ne le prouve que trop, le créancier à qui l'on a promis 40 à 50 pour cent dans la première faillite, ne reçoit que quinze à vingt pour cent dans la seconde, et quelquefois moins.

258. Ces difficultés ne se fussent point élevées si le dernier paragraphe de l'article 526 eût étendu sa disposition aux articles 522 et suivants. pour le cas où il y aurait des créanciers nouveaux.

S'il n'y avait plus de créanciers anciens, la seconde faillite serait en tout soumise aux mêmes formalités et aux mêmes règles que la première.

CHAPITRE VII.

DES VOIES DE RECOURS CONTRE LES JUGEMENTS SUR LE CONCORDAT.

259. Nous avons vu que le concordat est susceptible d'opposition de la part des créanciers ; qu'il est soumis à l'homologation, et qu'il peut être annulé ou résolu. Le tribunal de commerce est seul compétent pour statuer sur l'une ou l'autre action ou demande : mais si le jugement qu'il rend blesse le droit de la partie qui succombe, par qu'elles voies peut elles le faire réformer ? En matière ordinaire, les voies ouvertes par la loi contre les jugements, sont : l'opposition, la tierce-opposition, l'appel, la requête civile, le pourvoi en cassation. Mais, comme nous l'avons déjà remarqué plusieurs fois, les faillites se régissent par des lois particulières souvent exceptionnelles du droit commun. Nous avons donc à rechercher si les jugements auxquels le concordat donne lieu, peuvent être indistinctement attaqués par l'une des voies que nous venons d'indiquer.

260. Ces jugements ne sont jamais en dernier ressort. Ils touchent à des intérêts trop graves pour que la loi ne les soumette pas aux deux degrés de juridiction, de première instance et d'appel. Par cela même, ils ne donnent ouverture ni à la requête civile ni au pourvoi en cassation.

261. Le failli et ses créanciers, individuellement, ou représentés par les syndics, sont les seules parties qui puissent figurer dans les jugements sur le concordat. Les co-débiteurs et les cautions du failli qui n'ont rien payé, ne doivent point y être appelés ; ils sont absolument étrangers aux intérêts sur lesquels ces jugements prononcent ; ils n'en peuvent pas plus éprouver de préjudice que toute autre personne qui n'a rien à réclamer du failli, ou contre laquelle la masse n'a rien à répéter. Conséquemment ces jugements ne sont pas susceptibles d'être attaqués par la tierce-opposition.

Restent donc l'opposition et l'appel.

SECTION 1re.

De l'Opposition.

262. Les jugements rendus par défaut ou hors la présence de l'une des parties sont seuls susceptibles d'opposition. La loi commune les y soumet en général, et elle règle le délai après lequel la partie intéressée n'y est plus recevable. Voyons si, en matière de concordat, la loi n'apporte point quelques exceptions à cette règle.

263. En étudiant les articles 581 et 582, en les rapprochant l'un de l'autre, on arrive à se convaincre que le jugement déclaratif de la faillite et celui qui

20

fait remonter la faillite à l'époque de la cessation des payements, sont les seuls qui soient susceptibles d'opposition.

Il est à remarquer en effet que pour les jugements non mentionnés dans ces articles, aucune disposition ne fixe un délai dans lequel l'opposition devrait être formée. Voudrait-on supposer que la loi laissât cette opposition sous l'empire du droit commun ? Mais le moyen de croire que telle a été la pensée de la loi, alors qu'elle demande la plus grande célérité en cette matière ; alors qu'elle abrège si singulièrement les délais ordinaires de l'appel ! Nous cherchons, et nous ne trouvons pas, par quel moyen on pourrait ramener à exécution, dans les six mois de sa date, le jugement par défaut qui recevrait l'opposition d'un créancier au concordat ; le jugement, qui sur la requête du failli, homologue ce traité en l'absence des syndics.

264. Cependant, pourra-t-on dire, l'article 583 ayant pour objet d'enlever aux parties intéressées le droit d'opposition ou d'appel dans certains cas y énoncés, il est évident que la loi réserve virtuellement le droit dans tous les autres cas.

Cet argument aurait quelque puissance si la loi s'était bornée à statuer sur les oppositions en général, comme elle l'a fait pour les appels, si, par exemple, elle eût dit : *les délais d'opposition contre tout jugement rendu en matière de faillite sera de dix ou quinze jours à partir de la signification.* Mais elle a manifesté sa volonté en termes moins généraux ; elle a désigné, dans l'article 581 , les jugements qui sont susceptibles d'opposition , en fixant le délai dans lequel cette opposition devra être formée. L'article 583 n'a donc pas été conçu avec la pensée de réserver le droit d'opposition contre tous les jugements qu'il n'énumère pas. Il a été rédigé dans l'unique but de rendre définitifs, souverains, comme passés en force de chose jugée, certains jugements, certaines, décisions contre lesquelles les parties auraient cherché à se pourvoir plutôt par pur esprit de chicane ou pour cause de prévention personnelle que dans un intérêt réel et sérieux.

265. Et puis d'ailleurs , la loi est conséquente avec elle-même. Elle ne peut pas régler une opposition qu'elle ne doit point prévoir, par la raison qu'il n'y a pas de défaut possible dans les jugements autres que ceux énumérés dans les articles 581 et 583. Mandataires légaux des créanciers , les syndics ne peuvent que ce qui leur est permis , et ils sont obligés à tout ce que la loi exige d'eux. Chaque fois donc qu'ils sont appelés , en leur qualité , devant le tribunal , ils doivent se présenter pour répondre à la demande. Il ne leur appartient point de laisser prendre défaut contre eux ; ils manqueraient à leur devoir ; ils entraveraient la marche de la faillite.

Sans doute le failli, lorsqu'il est appelé dans l'instance, peut faire défaut, puisqu'il est libre de ne s'y pas présenter. Mais si sa présence est prescrite par la loi, comme en matière d'opposition au concordat, le tribunal joint le défaut au fond et ordonne le réassigné pour la prochaine audience. Dans les autres cas, ce qui est jugé contre les syndics est jugé contre le failli.

Sans doute aussi les syndics peuvent être demandeurs, et un défaut peut intervenir contre les tiers qu'ils ont assignés ; mais les règles, en matière de faillite, ne sont pas faites pour les tiers et ne les gouvernent pas. En général, ils ne peuvent être appelés que devant le tribunal de leur domicile ou de la situation des immeubles litigieux ; le droit commun les régit seul. Il y a exception, il est vrai, pour le cas où il s'agit de faits postérieurs à l'ouverture de la faillite, comme lorsque, par exemple, la demande a pour objet le rapport d'une somme payée, ou d'objets donnés en paiement par le failli dans les dix jours de la faillite (1); mais cette exception, introduite par la jurisprudence, par application de l'article 59, § 7, du Code de procédure civile, ne s'applique qu'à la compétence du tribunal; elle ne s'étend pas aux autres règles du droit commun.

Il est donc vrai qu'en matière de faillite, c'est-à-

(1) On sait que la jurisprudence est en effet fixée sur ce point.

dire, quant aux jugement qui intéressent seulement la masse et le failli, et autres que ceux indiqués dans les articles 581 et 583, il n'y a pas d'opposition possible, parce qu'ils ne peuvent jamais être que contradictoires.

Cette vérité s'applique surtout aux jugements sur les oppositions au concordat et aux jugements d'homologation (1).

266. En est-il de même des jugements qui, postérieurement à l'homologation, prononcent la nullité ou la résolution du concordat.

Ces jugements sont rendus dans un temps où la faillite n'existe plus. Ce n'est pas la masse des créanciers qui agit pour les obtenir, c'est un ou plusieurs créanciers qui les poursuivent à leurs risques et périls. Il semble qu'il n'y a là qu'un intérêt individuel et particulier ; que conséquemment le droit commun conserve toute sa force, sauf seulement en ce qui concerne la juridiction devant laquelle l'action doit être portée. Si donc le jugement qui annule ou résout le contrat est rendu par défaut, le failli doit être reçu a y former opposition. Il paraitrait trop rigoureux de le priver de cette voie, alors que le jugement peut avoir été surpris à la religion du tribunal, et qu'il a par devers lui les moyens de le faire rapporter.

(1) Bédarride, n° 586, en convient, quant au jugement d'homologation, et il réfute l'opinion contraire de Pardessus.

Cependant, si l'on considère que ce jugement fait revivre la faillite , qu'il porte nomination d'un juge commissaire et d'un syndic ; que dès lors il dépouille le failli de l'administration de ses biens, le remet au même état qu'avant l'homologation , on est porté à douter qu'il ait le droit de se pourvoir par opposition contre le jugement.

Ce jugement est certainement rendu en matière de faillite ; il ne regarde que le failli et ses créanciers. Sous ce rapport, il semble ne pouvoir être attaqué que par la voie d'appel. Admettre le failli à y former opposition dans les termes du droit commun , c'est lui laisser la faculté d'en éluder les effets en le laissant tomber en péremption. A qui appartient-il de le ramener à exécution ? Aux créanciers ? Non , puisque la faillite est reconstituée. C'est donc aux syndics ? Mais les syndics , vêtus de l'administration de biens du failli, n'ont aucun moyen de le ramener à exécution contre lui , et par conséquent de faire courir les délais de l'opposition ; ou plutôt par cela même que le failli se trouve dépouillé de l'administration de ses biens , le jugement est exécuté de la manière la plus absolue ; de sorte que le failli n'a plus d'autre voie que l'appel pour le faire réformer.

267. Nous pensons néanmoins que le failli ne perd l'administration de ses biens que lorsque le jugement est définitif. Or, il n'est pas définitif, s'il peut être soumis à un appel. — Le failli a donc le droit

d'opposition contre ce jugement ; seulement il ne jouit pas des délais du droit commun. Il est obligé de se conformer aux dispositions de l'article 581. Quoique le jugement qui prononce la nullité ou la résolution du concordat, n'est pas déclaratif de la faillite, il en a néanmoins le caractère, puisqu'il est nécessaire à la reconstitution de la faillite, et qu'il produit les mêmes effets.

SECTION 2me.

DE L'APPEL.

268. Tous les jugements rendus sur le concordat, sont susceptibles d'appel.

On a douté cependant que l'appel fut redevable contre les jugements d'homologation, lorsque ces jugements sont rendus en l'absence de toute opposition de la part des créanciers. Ce doute était fondé sur de bonnes raisons puisées dons les articles 514 et 515 qui laissent aux tribunaux de commerce un pouvoir dont la loi ne leur demande pas compte (1). Mais la doctrine et la jurisprudence ont fini par reconnaître qu'aucune disposition du Code n'enlève le droit d'appel aux parties, et l'article 582 est trop formel pour que l'on puisse le leur contester aujourd'hui.

(1) V. Bédarride, tome 2-12. 583.

Toutefois, l'appel n'est recevable que lorsqu'il est fondé sur les irrégularités du jugement même d'homologation ; comme s'il était rendu sans rapport préalable du juge-commissaire, ou sur des motifs tirés de l'intérêt des créanciers, alors que ces motifs seraient contestables. Il ne pourrait pas l'être, s'il était fondé sur des motifs qui tendraient uniquement à faire annuler le concordat.

269. Le jugement d'homologation rendu avant l'expiration des huit jours accordés aux créanciers pour former opposition au concordat, ne serait attaquable, pour cette cause, qu'autant qu'il interviendrait une opposition dans les délais. Nous pensons même que, dans ce cas, l'appel est nécessaire pour faire tomber l'homologation avant le jugement sur l'opposition ; car l'homologation lie le tribunal qui n'a pas le pouvoir de se réformer lui-même, si ce n'est pour cause de dol de la part du failli.

270. Quel que soit le jugement contre lequel elle veuille se pourvoir par appel, la partie n'a que quinze jours pour exercer son droit. Ce délai court à compter de la signification du jugement, et il s'augmente, à raison des distances, dans la proportion déterminée par l'article 582.

271. Il résulte de cette disposition que tout jugement sur le concordat doit être signifié, et que la signification seule fait courir les délais d'appel. Cela se conçoit parfaitement lorsqu'il s'agit du jugement

sur une opposition au concordat, ou du jugement qui statue sur l'action en nullité ou sur la demande en résolution de ce contrat.

Mais lorsque le jugement prononce l'homologation du concordat sans qu'il y ait eu d'opposition de la part des créanciers, la signification de ce jugement peut devenir inutile; par exemple, lorsque les syndics se réunissent au failli pour l'obtenir. Il semble contraire à toutes les notions du droit que la partie qui a obtenu un jugement conforme à ses conclusions puisse en exiger la signification et soit admise à y former appel. Ce n'est donc que pour le cas où le failli seul a demandé l'homologation que la signification aux syndics devient nécessaire, afin que les créanciers soient avertis que le concordat est devenu obligatoire pour eux, et que les syndics puissent l'attaquer, s'il renferme quelques irrégularités.

272. Lorsque le tribunal refuse l'homologation, les syndics doivent signifier le jugement au failli pour faire courir le délai d'appel; nous pensons que les créanciers ne peuvent pas procéder aux opérations ultérieures de la faillite avant que ce jugement soit devenu définitif, soit par le défaut d'appel en temps utile, soit par un arrêt confirmatif.

Le failli n'a pas besoin d'attendre cette signification pour interjeter son appel : il lui appartient d'abréger le délai accordé par la loi.

273. On demande si chaque créancier a indivi-

duellement le droit de former appel du jugement d'homologation. Bédarride (1) semble croire qu'il le peut, et les termes généraux de l'article 852 peuvent induire à le penser.

L'opinion contraire nous paraît préférable. La loi n'accorde une action individuelle aux créanciers que lorsqu'elle leur suppose un intérêt particulier et distinct de celui de la masse. Sa volonté se manifeste assez clairement, à cet égard, par la faculté qu'elle laisse aux créanciers de se pourvoir contre le jugement qui fixe l'ouverture de la faillite, de former opposition au concordat et de le faire annuler ou résoudre après l'homologation. Assurément on ne dira pas que le jugement qui accorde l'homologation au failli, lorsqu'il n'y a pas eu d'opposition, blesse les intérêts d'un créancier. Si donc il renferme une irrégularité, cette irrégularité ne peut être relevée que dans l'intérêt de tous, par une action commune à tous, et, conséquemment, formée par les syndics seuls, puisque seuls ils ont l'initiative de ces sortes d'actions.

L'article 582 ne repousse point cette solution. Au contraire, il l'a consacre implicitement. En effet, il est à remarquer qu'il n'accorde le droit d'appel qu'aux *parties*, expression qui indique suffisamment que les créanciers qui ne sont pas personnellement *parties*

____

(1) Tome 2, n° 286.

au jugement n'ont pas le droit de se pourvoir contre par un appel.

Si la loi eut accordé ce droit individuellement à chaque créancier, elle eût ordonné la signification à tous, indistinctement, du jugement d'homologation ; ce qu'elle n'a pas fait.

Du reste, à l'appui de notre sentiment, nous pouvons invoquer un arrêt de la Cour de Douay du 17 février 1849 (1), qui juge non recevable, dans l'instance d'appel, l'intervention d'un créancier qui avait voté le concordat. — S'il n'a pas le droit d'intervenir, il n'a pas celui de faire appel.

274. L'inaction des syndics, il est vrai, laissera subsister un jugement qui peut contenir des irrégularités. Qu'importe ? les créanciers n'en souffrent pas, puisqu'en admettant que le jugement soit réformé, le concordat n'est pat atteint, et que le tribunal est toujours en droit de l'homologuer par une nouvelle décision.

275. Il est de principe, en effet, que lorsque le jugement est réformé pour cause d'irrégularité, la Cour d'appel n'a pas le droit d'annuler le concordat ; elle doit renvoyer devant le tribunal de commerce pour qu'il se prononce de nouveau sur l'homologation. Les parties, c'est-à-dire, les créanciers et le failli, ne doivent pas souffrir d'une irrégularité qui n'est pas de leur fait (2).

(1) Dalloz, 49, à la table, v. *faillite*. — (2) V. Bédar-

De là cette conséquence que les syndics doivent s'abstenir de faire appel, lorsqu'il n'existe aucune cause qui les autorise à penser que, dans une nouvelle délibération, le tribunal refusera l'homologation.

ride, tome 2, n° 588. On pourrait tirer un argument contraire à notre opinion d'un arrêt de la Cour de Paris, qui juge que l'appel *d'un créancier* n'est pas suspensif, en ce sens, que les délais pour le paiement des dividendes ne cesse pas de courir du jour du concordat. Mais, si nous avons bien lu, dans l'espèce de cet arrêt, l'appelant était un créancier opposant au concordat. Quant à la question qu'il juge, il y a difficulté, surtout si le failli n'avait pas obtenu des syndics la remise de ses biens. — (Dalloz, 39-2, 261).

ERRATA.

—

Page   8, à la note, au lieu de : *des faillis* , lisez , *v°. faillite.*

Page   69 , ligne 16, au lieu de : *poursuite* , lisez : *poursuites.*

Page   78, ligne 6, au lieu de *forciori* , lisez : *fortiori.*

Page   81, ligne 8, au lieu de : *des créanciers* , lisez : *du créancier.*

Page 110, ligne 6, au lieu de : *ne sont,* lisez : *ne se sont.*

Page 161, ligne 22, au lieu de : *les* , lisez : *des.*

Page 193, ligne 14, au lieu de : *obtenu* , lisez : *obtenue.*

Page 199, ligne 4, au lieu de : *hypothécaires* , lisez , *chyrographaires.*

Page 209, ligne 28 , au lieu de : *en* , lisez : *au.*

Page 243, ligne 13, au lieu de : *provoqué* , lisez : *provoqués.*

TABLE

ALPHABÉTIQUE DES MATIÈRES.

A

G

H

S